늘 새롭게 하시는 주님

캐롤 메이홀

네비게이토 출판사

네비게이토 선교회는
국제적이며 복음적인 기독교 기관이다.
예수 그리스도께서는 자기를 따르는 자들에게
"너희는 가서 모든 족속으로 제자를 삼으라"
(마태복음 28:19)는 지상사명을 주셨다.
네비게이토 선교회는 세계 모든 국가에서
예수 그리스도의 일꾼들을 배가시켜
이 지상사명을 성취하는 것을 돕는 것을
근본 목표로 하고 있다.

네비게이토 출판사는
네비게이토 선교회의 문서 선교를 담당하고 있다.
본 출판사에서는 그리스도인의 영적 성장을 돕는
서적과 자료들을 출판하여,
그리스도인의 삶의 기초가 견고한
헌신된 제자로 성장하고,
나아가 성숙한 인격과 지도력을 갖춘
일꾼이 되도록 돕고 있다.

Here I Am Again, Lord

Carole Mayhall

Translated by permission
Title originally published in English as
HERE I AM AGAIN, LORD by WATERBROOK PRESS
A division of Random House, Inc.
©1999 by Carole Mayhall
Korean Copyright ©2001
by Korea NavPress

차 례

감사의 글 / 9

서론 : 주님 앞에 다시 섭니다 / 11

제 1 부
주님, 내 머리로 알고 있는 것을
　언젠가 가슴으로도 믿게 될까요?

하나님의 사랑
1. "그는 날 사랑해" / 17
2. 빈둥거리기 / 23
3. 하나님의 "특별한 사람" / 29
4. 놀라운 은혜 / 33

5. 사랑에 뿌리를 박고 / 41
　6. 하나님의 놀라운 보살핌 / 45
　다시금 기억하기 위하여… / 51

하나님의 절대주권
　7. 하나님께서는 결코 "아니, 이럴 수가!"라고
　　　말씀하지 않으신다 / 55
　8. "예, 그렇지만…" / 61
　9. 주님, 이해할 수 없어요! / 67
10. 아무도 당치 못하는 하나님 / 73
11. 언제나 가장 좋은 때에 / 79
　다시금 기억하기 위하여… / 87

하나님의 성실하심
12. 오늘, 그리고 매일 매일 / 91
13. 삭제 키 / 97
14. 어디에 놓여 있습니까? / 103
15. 직접 개인적으로 / 109
16. 충분하다면 정말 충분하다 / 115
　다시금 기억하기 위하여… / 121

하나님의 거룩하심
17. 거룩한 땅 / 125
18. 건전한 두려움 / 131
　다시금 기억하기 위하여… / 139

제 2 부
내가 더욱 주님을 닮아 가고 있나요?

평 강
19. 주님, 내게 인내를 주소서… 지금 즉시! / 145
20. 작은 여우 / 151
21. "모든"은 "모든" 것을 의미한다 / 157
다시금 기억하기 위하여… / 163

감사하는 마음
22. 침울에서 기쁨으로 / 167
23. 마지막 한 방울까지 / 173
24. 온전히 기쁘게 여기라 / 177
다시금 기억하기 위하여… / 181

순 종
25. 모든 것을 굴복합니다 / 185
26. "나를 위해 하라" / 193
27. 내 분깃과 내 잔 / 199
28. 당신은 누구를 섬깁니까? / 205
29. 당신을 살피시는 하나님 / 211
30. 하나님께 "예"라고 말씀드림 / 215
다시금 기억하기 위하여… / 219

용 서

31. 값비싼 긍휼 / 223
32. 용서는 감정이 아닙니다 / 227
33. "뛰어내려. 내가 잡아 줄게!" / 233
다시금 기억하기 위하여… / 237

예 배

34. "야호, 하나님!" / 241
35. 겸손한 예배 / 247
36. 답을 준비가 되어 있습니까? / 255
다시금 기억하기 위하여… / 261

소 망

37. 실망에 대한 처방 / 265
38. 정련 과정 / 269
39. 분명한 미래 / 275
다시금 기억하기 위하여… / 281

결론 : 주님, 다시금 가르쳐 주세요 / 285

부록 : 본서에 나오는 주제를 공부하는 방법 / 289

감사의 글

글 쓴 이는 대개 두 사람의 이름을 떠올리며 감사를 표하곤 합니다. 바로 배우자(결혼을 했다면)와 편집자인데, 여기에는 타당한 이유가 있다고 생각합니다. 그 두 사람이 없이는 제대로 해낼 수 없기 때문입니다. 지금 나에게도 마찬가지입니다.

인생의 동반자이자 친구이기도 한 남편에게 감사를 표합니다. 내가 실망했을 때 격려하여 주었으며, 낙심될 때 기운을 북돋아 주었고, 본서를 매듭짓지 못하여 신경이 날카로워져 있을 때도 참아 주었으며, 늘 인내하고, 온유하며, 사랑으로 나를 대해 주었습니다. 남편이 없었다면 이 책을 낼 수도 없었을 것입니다.

또한, 편집자인 리즈 헤니 씨께 큰 감사를 드립니다. 이 책이 원래의 원고보다 훨씬 더 나아질 수 있도록 잘 다듬어 주었으며, 조언도 하고 제안도 해주었으며, 책의 초점을 바로잡아 주기도 하고 완전히 흩어 놓기도 했습니다. "때론 강하게 때론 부드럽게" 그 모든 과정 동안 커다란 도움을 준 것에 대하여 감사를 드립니다.

나를 온전히 신뢰하여 주신 워터브룩 출판사의 모든 분께 감사를 드립니다. 정말 감사합니다!!

서 론

주님 앞에 다시 섭니다

다음과 같은 기도가 내 마음에 와닿습니다. "다시 기회를 주시고 새로운 시작을 허락하시는 하나님, 주님 앞에 다시 섭니다." 머리로는 알고 있지만 가슴으로 더욱 깊이 깨달을 필요가 있는 몇몇 영적 교훈에 대하여 나는 수도 없이 "주님, 다시 왔습니다"라고 기도했습니다.

'이제 이 교훈을 다 배웠구나'라고 생각할 바로 그때에 나는 새롭게 고침을 받아야 했습니다. 때로 내가 잘못 이해하였던 교훈일 경우도 있었고, 하나님께서 내가 더욱 깊이 이해하기 원하신 적도 있었습니다. 때로는 단지 그 교훈을 다시 한 번 더 상기할 필요가 있을 때도 있었습니다. 어떤 때는 '그 교훈은 진작 배웠어야 하는데, 아직도 배우지 못했다니' 하는 생각이 들어 실망이 될 때도 있습니다. 그러나 아버지 하나님께서는 이런 나의 모습에 전혀 실망치 않으시는 것처럼 보입니다.

하나님께서는 언제나 나를 참으시며, 계속 교훈을 보여 주십니다. 거듭해서 보여 주시고, 또 보여 주십니다.

지금까지 나는 다른 사람들을 위해서 많은 책을 써왔습니다. 그러나 이 책은 바로 나를 위한 것입니다. 사람들은 나를 경험이 많은 사람으로 생각합니다. 또한 자신에 대하여 확신이 있고, 지식도 많으며, 지혜로운 사람일 것이라고 말합니다. 그리고 노년에 접어들었기 때문에 여유도 많을 것이라고 생각합니다. 그러나 반대로 나는 '나의 발을 사슴과 같게 하사'라는 책에 나오는 작은 "겁쟁이"와 같다고 느껴질 때가 있습니다. 겉으로는 사람들이 말하는 것과 비슷하게 보일지도 모릅니다. 그렇지만 속으로는? 그때는 이야기가 다릅니다.

올해 하나님 아버지께서는 남은 내 생애를 위한 구절을 보여 주셨습니다. "야곱 집이여, 이스라엘 집의 남은 모든 자여, 나를 들을지어다. 배에서 남으로부터 내게 안겼고 태에서 남으로부터 내게 품기운 너희여, 너희가 노년에 이르기까지 내가 그리하겠고 백발이 되기까지 내가 너희를 품을 것이라. 내가 지었은즉 안을 것이요 품을 것이요 구하여 내리라"(이사야 46:3-4).

때로 나는 주님께 이렇게 말합니다. "이 책임은 너무 무거워서 도저히 감당할 수 없어요."

하나님께서는 "네 말이 맞다. 그렇지만 내가 너를 안아 주겠다"라고 응답하십니다.

나는 "도와주세요"라고 외칩니다.

하나님께서는 "내가 너를 구해 주겠다"라고 응답하십니다.

나는 "너무 힘들어요"라고 말합니다.

하나님께서는 "내가 붙들어 주겠다"라고 대답하십니다.

나는 "앞으로 어떤 일이 날지 몰라 두려워요"라고 말씀드립니다.

하나님께서는 내게 이렇게 확신을 주십니다. "그 어떤 것도 너 혼자 맞이하게 되지는 않을 것이다. 내가 너를 안아 주겠다. 내가 너를 품어 주겠다. 네가 본향에 다다르기까지 내가 너를 돌보아 주겠다. 내 품에서는 안전하단다. 얘야, 안심하거라."

아버지 하나님, 이것을 기억할 수 있도록 도와주소서!

본서는 다음과 같은 두 가지 내용을 다루고 있는데, 이는 내가 그리스도인이 된 후 수십 년 동안 내 자신에게 스스로 해왔던 질문입니다.

"주님, 내 머리로 알고 있는 것을 언젠가 가슴으로도 믿게 될까요?"

"주님, 내가 더욱 주님을 닮아 가고 있나요?"

내가 경험했던 여러 갈등과 기쁨이 당신에게 도움과 소망과 격려가 되기를 기도합니다. 당신이 이 책을 읽으면서 "과연 나는 제대로 이해할 수 있을까?"라는 질문이 생기더라도, 그것은 결코 이상한 일이 아닙니다. 영적 성장은 평생이 걸리는 일입니다. 두 걸음 전진했지만 세 걸음 후퇴처럼 느껴질 때가 많습니다. 만약 당신이 낙심했다면 본서를 통해 용기를 얻을 수 있기를 바랍니다. 혼돈된 상태에 있다면 본서에서 선명한 분별력을 얻기 바랍니다. 걱정과 두려움에 휩싸여 있다면, 하나님께서 본서를 통해 그 두려움을 물리쳐 주시고 당신이 평강과 만족을 누리게 하여 주시기를 바랍니다. 그리고 당신이 언제나 다음과 같은 사실을 기억하기 바랍니다(주님, 나도 기억할 수 있도록 도와주소서). 그것은 바로 "주님, 다시금 상기시켜 주소서. 나는 더디 배우는 자입니다"라고 기도하는 것이 결코 이상하지 않다는 것입니다.

> ...주의 손에
> 권세와 능력이 있사오니
> 능히 막을 사람이 없나이다.
> 역대하 20:6

제 1 부

주님, 내 머리로 알고 있는 것을
언제가 가슴으로도 믿게 될까요?

주님, 주님은 내 편이십니다.
얼마나 놀라운지 모릅니다.
주님은 언제나 내 곁에 계십니다.
얼마나 안전한지 모릅니다.
사람들이 나를 상처 못하고,
나를 이기지 못하며,
실망시키지도 못합니다.
내 마음과
내 삶과
내 생각에는
두려움이 자리잡을 곳이 없습니다.
머리로는 이렇게 말할 수 있지만
가슴은 아직 깨닫지 못하고 있습니다.
주님, 나를 도와주소서.
머리로만 아는 게 아니라
가슴으로도 느낄 수 있게 하소서.

제 1 장

"그는 날 사랑해"

하나님의 사랑

우리는 정원으로 통하는 안마당 길목에 앉아서 다이어트 콜라를 홀짝이고 있었습니다. 더운 여름날이었지만 산들바람이 불어와 조금은 시원하게 느껴졌습니다. 화분에 활짝 핀 팬지가 가볍게 춤을 추었습니다. 잠깐 동안의 침묵을 깨고 룻이 입을 열었습니다. "그는…." 멈칫멈칫하더니 마저 말을 끝냈습니다. "그는 날 사랑해."

나는 놀라 룻을 빤히 쳐다보았습니다. "그걸 어떻게 알아?" "그가 내게 말했어!"라고 룻은 미소를 띠며 대답했습니다. '뭐라고? 그가 룻을 사랑한다고?' 믿어지지 않았습니다. 프레드가 룻을 사랑한다는 것은 참으로 기쁜 일이었습니다. 그러나 이처럼 빨리 일이 진행되리라고는 생각지 못했습니다.

내 여동생 조이가 암으로 세상을 떠난 지 1년이 지났습니다. 조이의 남편인 프레드는 여름 동안 콜로라도에서 일하고 있었습니다. 프레드는 다른 여자들을 그냥 알고 지낼 수는 있지만 그 이상은 싫다고 말하곤 했습니다. 그래서 룻을 한번 만나 보라고 했을 때도 프레드는 진지하게 받아들이지 않았습니다. 친구 룻도 남편을 잃은 처지였습니다. 그런데 만난 지 몇 주 되지 않아 룻은 프레드에게 상당한 관심을 보이는 것 같았습니다. 나는 룻이 마음에 상처를 입지는 않을까 염려되었습니다. 그래서 8월 어느 날 오후, 나는 프레드의 평소 생각을 알려주려고 룻을 만나자고 했던 것입니다. 그런데 바로 그 자리에서 룻은 "그는 날 사랑해"라고 말했습니다.

'알고 지내는' 사이에서 '사랑하는' 사이가 되는 것은 참으로 큰 도약입니다. 프레드는 몇몇 여자들을 그냥 알고 지내다가 이제는 룻에게 개인적인 관심을 갖게 된 것입니다. 나는 무척 기뻤지만, 한편으로는 두 사람의 관계가 너무 빨리 진전되는 게 아닌가 하여 걱정스러웠습니다.

"잘됐구나. 그렇다면 그저 알고 지내기를 원한다던 프레드의 생각을 새삼 얘기할 필요가 없겠구나. 그와 넌 단지 알고 지내는 사이는 아닌 것 같으니 말이야"라고 나는 웃으며 말했습니다. 그리고 친구를 힘껏 안아 주었습니다.

넉 달 뒤 함박눈이 휘날리는 날, 룻과 프레드는 많은 가족과 친구들의 축복을 받으며 남편 잭의 주례로 결혼식을 올렸습니다. 그들은 지금까지 행복한 결혼 생활을 하고 있습니다.

'개인적인 관심'이란 말은 참 좋은 말입니다. 남녀 사이의 관계를 그릴 때도 멋지지만, 하나님께서 그의 자녀 각각에 대해 가지고 계신 사랑을 표현할 때는 더욱 멋지고 좋은 말입니다.

실제로 하나님께서는 우리 각 사람에게 개인적인 관심을 갖고 계십니다. 하나님의 말씀인 성경에 그렇게 기록되어 있습니다. "너희 염려를 다 주께 맡겨 버리라. 이는 저가 너희를 권고하심이니라"(베드로전서 5:7). 이 구절은 다음과 같이 풀어 쓸 수 있습니다. "여러분의 모든 염려와 짐을 다 하나님께 맡겨도 됩니다. 하나님께서는 개인적인 관심을 가지고 여러분을 돌보는 분이시기 때문입니다."

하나님께서 세상을 바라보실 때, 우리를 그저 수십 억 가운데 하나 정도로 생각지 않으신다는 사실이 놀랍지 않습니까? 대신에 하나님께서는 창조하신 각 사람을 사랑스럽고 특별한 존재로 여기십니다. 하나님께는 수없이 많은 자녀가 있지만, 하나님의 관심과 돌보심은 너무도 개인적이기 때문에 마치 우리 각 사람이 하나님께 하나밖에 없는 자녀처럼 보입니다. 하나님께서 나를 너무도 사랑하셔서 비록 세상에서 죄를 지은 사람이 나 하나뿐일지라도 그리스도께서는 나 한 사람을 위하여 죽으셨을 것이라는 말은 듣기만 해도 놀랍지 않습니까? 하나님께서는 지금보다 더 나를 사랑하실 수 없습니다. 하나님께서는 이미 완전한 수준으로 나를 사랑하고 계시기 때문입니다. 그리고 하나님께서는 지금보다 나를 덜 사랑하실 수도 없습니다. 나는 그리스도의 의로 감싸인 존재이기 때문입니다. 하나님께서 나를 보실 때 아들이신 그리스도를 보시며, 그리스도 안에 감추어진 나를 보시는 것입니다(골로새서 3:3 참조).

이 놀라운 약속이 성경에 있다는 것을 알지만, 때로 나는 그 사랑을 느끼지 못할 때가 있습니다. 당신도 '하나님께서 나를 사랑하시며, 그리스도 안에 있는 나를 보신다'는 사실을 잊어

버렸던 경험이 있습니까? 이런 시야를 회복하려면 다시금 주님께 나아가야 합니다. 거듭해서 나아가야 합니다.

당신이 하는 일마다 제동이 걸리고, 실패한 것으로 드러나며, 다시금 수고를 해야 하거나 혹은 전혀 다른 방법으로 해야만 했던 적이 있었습니까? 그런 날이 바로 내가 "사랑을 받지 못한다"고 느끼기 쉬운 날입니다. 스스로 너무 실망한 나머지 이렇게 생각할 때가 종종 있습니다. '도대체 하나님께서 어떻게 나 같은 사람을 사랑하실 수 있을까?' 자신이 싫어집니다. 그래서 아무도 – 특히 하나님께서 – 나 같은 사람을 좋아하지 않을 것이라고 생각합니다. 다른 사람들이 나를 무시할 때 나는 하나님께서도 나를 무시하시지 않을까 하는 생각이 듭니다. 어떤 일을 하다가 참담한 실패를 경험했을 때, 다른 사람과 나를 비교할 때, 그리고 하루 종일 마음이 울적한 상태에 있다는 것을 스스로도 느낄 때, 나는 '사랑을 받지 못한다'고 느낍니다.

하나님께서 나를 얼마나 사랑하시는지 생각할 때마다 나는 얼마나 감사한지 모릅니다. 하나님께서는 말씀으로 나를 붙들어 주시기에, 나는 확실하고 놀라운 사랑 안에서 지속적으로 자라 갈 수 있습니다.

어느 날 나는 이렇게 썼습니다.

> 아버지 하나님,
> 사람들의 시야로 나를 바라보면
> 나는 나이 들어
> 집안 일이나 하는 여인일 뿐입니다.

주님 몸에
쓸데없이 붙어 있는
없어도 그만인 그런 존재입니다.
그러나
말씀 안에서
주님을 응시하듯
주님 눈으로
나를 바라보면,
나는 주님께 가치 있고 귀한 보배이며
주님의 몸에 꼭 필요한 지체임을 알게 됩니다.

오 주님,
나의 생각을 사람들이나
그들의 생각이 아니라
온전히 주님께 맞추게 하소서.
그들이 나를 어떻게 생각할까
두려워하지 않게 하소서.
날마다 주님의 시야를
더욱 분명히 갖게 하소서.
주님께서는 잘 알고 계십니다.
언제나 주님께서는 제게 가장 좋은 것이
무엇인지를 알고 계십니다.
주님께서는 저를 돌보십니다.
감사를 드립니다, 주님.

하나님께서 왜 나를 사랑하시는지 내 머리로는 다 이해할 수 없습니다. 그러나 하나님의 사랑이 너무도 분명하기 때문에 나는 감사를 드립니다. 그는 날 사랑하십니다! 그리고 동일하게 당신을 사랑하십니다!

> 낮에는 여호와께서
> 그 인자함[사랑]을 베푸시고
> 밤에는 그 찬송이 내게 있어
> 생명의 하나님께 기도하리로다.
> 시편 42:8

제 2 장

빈둥거리기

하나님의 사랑

빡한 일정을 따라 이틀을 보내고 나니 무척 피곤했습니다. 비행기를 네 차례나 탔는데, 그중에 두 번은 작은 비행기였습니다. 잠자리가 낯설어 불편했고, 비행기 시간에 맞추려고 허둥댔는가 하면, 시카고 오헤어 공항에서는 비행기를 세 시간이나 기다려야 했습니다. 마침내 안내 방송이 흘러나왔습니다. "1열에서 4열까지 1등석 승객들은 탑승하시기 바랍니다."

표를 힐끔 보니 4열 A석이라고 찍혀 있었습니다. 이상하다는 생각이 들었습니다. 대부분 비행기는 2열까지만 1등석이었습니다. '안내 방송이 잘못됐겠지'라고 생각하면서 일단 안내대로 탑승했습니다.

좌석은 실제로 1등석이었습니다! 1등석에는 4열까지 있었고 내 자리는 4열 A석이었습니다.

나는 가방을 내려놓고 비행기에 오르고 있는 사람들 사이를 비집고 지나, 표를 받고 있는 승무원에게 다가갔습니다.

"실례합니다. 뭔가 잘못된 것 같아요. 제가 가진 표는 4열 A석이라서, 일반석이라야 하는데 1등석이군요. 어떻게 해야 하지요?"

그 승무원은 살짝 윙크를 하며 이렇게 말했습니다. "나 같으면 아무 말 않고 그냥 앉아 즐기며 가겠습니다."

나는 그대로 했습니다!

비행기가 오헤어 공항을 이륙하자, 발 아래로 불빛이 장관을 이루었습니다. 나는 속으로 생각했습니다. 이건 정말 뜻하지 않게 횡재를 만난 거야. 자격도 없이 거저 받는 은혜가 바로 이런 게 아닐까? 우리를 향한 하나님의 은혜와 사랑을 잘 보여 주는 정말 좋은 예야!

어렸을 때부터 나는 자주 이런 말을 들었습니다. "서두를수록 늦는다." 나는 지금도 이 말을 들어야 할 것 같습니다. 하루 일과를 마치고 몸은 자리에 누웠는데도 마음은 쉬지 않고 바삐 움직입니다. 불을 끄면서 몸은 "잘 자"라고 말하지만, 마음은 눈에 불을 켜고 두리번거리다가 "어이, 이봐!"라고 외칩니다. 잠시라도 하나님의 사랑의 품안에 머물러 조용히 쉬지를 못합니다.

우리 가족들은 내게 빈둥거리는 법을 배워야 한다고 자주 말합니다. 피너츠 만화에서 본 내용이 기억납니다. 푹신한 소파에 느긋하게 파묻혀 텔레비전을 보고 있는 라이너스에게 루시는 "너는 왜 아무 일도 하지 않고 빈둥거리니?"라고 쏘아 부칩니다. 그렇지만 라이너스도 이에 지지 않고 고개를 끄덕이며 대꾸합니다. "바로 그거야, 루시! 지금 내가 하고 있는 일이 바로 빈둥거리는 거야!"

빈둥거리는 것은 아무것도 하지 않으면서 게으르게 지내는 것을 말합니다. 때로 우리는 빈둥거릴 필요가 있습니다. 우리 몸에 필요합니다. 마음에도, 감정에도 필요합니다. 심지어는 우리의 영에도 이것이 필요합니다. 늘 하던 일에서 벗어나 숨을 돌리는 것이 필요합니다. 사람들에게서 물러나 쉴 필요가 있습니다. 그럴 때 우리는 하나님의 사랑의 팔이 우리를 감싸고 있는 것을 느끼게 됩니다. 그제야 하나님의 속삭임을 듣게 됩니다. "애야, 나는 너를 사랑하며 언제나 큰 사랑으로 너를 돌보고 있단다."

일에 지치고 피곤할 때마다 나는 "수고하고 무거운 짐 진 자들아, 다 내게로 오라. 내가 너희를 쉬게 하리라"(마태복음 11:28)라고 하신, 사랑에 가득 찬 주님의 말씀을 떠올리며 나의 짐들을 주님 앞에 내려놓습니다.

주님께서는 무리를 먹이실 때 그들을 잔디 위에 앉히셨습니다(마태복음 14:19 참조). 복음서에서 무리를 먹이시는 장면마다 주님께서는 사람들을 앉으라고 명하신 것을 볼 수 있습니다. 주님께서는 종종 기적적으로 사람들을 고치셨는데, 그때 사람들은 무리 지어 서 있거나, 먼지 나는 길 위에서 주님을 둘러싸고 있었습니다. 그러나, 음식을 주실 때에는 하던 일을 멈추고 자리에 모두 앉도록 하셨습니다. 주님께서는 복잡한 식당이나 패스트푸드점처럼 길게 줄을 서서 차례를 기다리라고 명하지 않으셨습니다. 대신, 자리에 편히 앉아 섬김을 받도록 하셨습니다. 사람들은 음식 맛을 음미하며 소화시킬 수 있는 여유가 있었습니다. 쉬면서 주님의 놀라운 보살핌을 받을 수 있었습니다.

마리아와 마르다의 이야기를 아실 것입니다. 마르다는 몹시 바빴습니다. 준비하는 일이 많아 마음이 분주했습니다. 마르다는 다급한 나머지 예수님께 나아가 "주여, 내 동생이 나 혼자 일하게 두는 것을 생각지 아니하시나이까? 저를 명하사 나를 도와주라 하소서"라고 요청했습니다. 그러나 주님께서는 마리아가 "좋은 편을 택하였다"라고 마르다에게 응답하셨습니다. 이때 마리아는 무엇을 하고 있었습니까? 바로 주님의 발아래 앉아서 말씀을 듣고 있었습니다(누가복음 10:38-42 참조).

교훈은 분명합니다. 내가 앉아 있을 때 다른 사람이 섬기게 된다는 것입니다. 주님께서 먹여 주시고 보살펴 주시는 것을 경험하려면 가만히 앉아 있어야 합니다.

밤늦게까지 잠 못 이루고 지쳐 있는 어느 그리스도인의 이야기를 들은 적이 있습니다. 세상의 모든 염려를 떠 안은 채, 눈을 붙이지 못한 것입니다.

그때 그는 주님의 부드러운 음성을 들었습니다. "이제 가서 잠을 자거라. 내가 일어나 있으마."

그렇습니다, 여러분. 가만히 앉아서 당신을 향한 하나님의 사랑을 즐기십시오.

쉬는 것은 잘못이 아닙니다. 때로는 빈둥거리는 것이 필요하기까지 합니다.

제자들을 명하사
그 모든 사람으로 떼를 지어
푸른 잔디 위에 앉게 하시니.
마가복음 6:39

28   늘 새롭게 하시는 주님

제 3 장

하나님의 "특별한 사람"

하나님의 사랑

하나님께서 나와 남편을 위하여 처음으로 기적을 베풀어 주셨던 때를 결코 잊을 수 없습니다.

청구서를 받았는데, 그 청구서에는 큼직한 붉은 글씨로 "납부 기한 경과"라고 선명하게 찍혀 있었습니다. 지불해야 하는 금액은 19.25달러였지만, 통장은 바닥난 지 이미 오래였습니다. 우리가 살고 있던 트레일러 집에 암울한 먹구름이 덮였습니다.

침대에 누워 찜질 패드를 반으로 접어 배에 덮었습니다. 암담한 느낌이 들었습니다. 그 돈을 대체 어떻게 갚지? 생활비는 어떻게 하나? 남편이 신학교에 다니고 있었기 때문에 나는 어쩔 수 없이 한 금융회사에 취업해 생활비를 벌어야 했습니다. 남편은 야간에 부업으로 공장 경비 일을 했지만, 두 사람의 수입으로는 우리의 지출을 도저히 감당할 수 없었습니다.

우리는 부수적인 지출을 모두 줄였습니다. 전화도 신청하지 않았고, 신문도 보지 않았으며, 외식하는 일도 거의 없었습니다. 우리의 '데이트'는 대형 백화점에 가서 한쪽에 앉아 그곳에서 들려주는 45 RPM 레코드판을 듣는 것이 고작이었습니다. 때로 우리는 50센트를 주고 음반 하나를 구입한 적도 있었습니다. (당신도 짐작할 수 있겠지만 이것은 참으로 오래 전의 일이었습니다!)

나는 한숨을 지었습니다. "주님, 우리가 더 이상 뭘 할 수 있는지 모르겠습니다. 이 청구서는 꼭 지불해야만 합니다. 앞으로 두 주 동안 수입이 전혀 없습니다. 그리고 돈이 생기더라도 이전에 쓴 것을 다 갚아야 합니다. 주님, 도와주세요!"

몇 분 뒤에 남편이 문을 여는 소리가 들렸습니다. 침실로 몇 걸음 다가오더니(우리가 살고 있던 트레일러는 8m 남짓밖에 되지 않았습니다) 아무 말 없이 봉투 하나를 건넸습니다. 나는 그 속에서 나온 20달러짜리 지폐를 의아한 가운데 바라보았습니다. 수표가 아니라 현금으로 20달러였습니다.

"그런데 누가?" 나는 말을 더듬었습니다.

남편이 미소를 지었습니다. "나도 모르겠소. 누가 보냈는지 어디서 왔는지 나도 모르겠소. 오늘 오후에 우리 우편함에서 발견한 것이오!"

기쁨과 경이감이 내 마음에 가득했습니다. 하나님께서는 알고 계셨습니다! 그리고 응답하셨습니다! 바로 그곳에서 하나님께서는 우리를 위해 작은 기적을 행하신 것이었습니다. 하나님께서 우리를 돌보고 계신다는 사실을 상기시키기 위한 것이었습니다.

물론 이것이 마지막이 아니었습니다. 남편이 신학교에 다니는 그 4년 동안 하나님께서는 여러 가지 특이한 방법으로 우리의 필요를 채워 주셨습니다. 그러나 다음과 같은 놀라운 진리를 맨 처음 깨닫고 가슴이 벅찼던 때를 결코 잊지 못할 것입니다. "나는 하나님께 특별한 존재이며, 하나님께서는 나를 돌보신다. 내가 받을 자격이 있어서가 아니라 내가 하나님의 자녀이기 때문이다."

일전에 여섯 살짜리 아이를 재우던 한 아버지의 이야기를 들은 적이 있습니다. 아버지는 아들에게 이렇게 물었습니다. "얘야, 아빠가 언제 너를 가장 사랑한다고 생각하니? 누나들과 싸우고 문제가 생길 때니? 아니면 엄마를 도와주고 다른 모든 사람들에게 칭찬을 받을 때니?"

아들은 잠깐 생각하더니 확신 있게 대답했습니다. "둘 다요!"

"맞다. 그런데 그 이유를 알고 있니?" 아버지가 물었습니다.

"난 아빠에게 특별한 애잖아요."

아버지는 늘 아이를 '아빠의 특별한 애'라고 불렀던 것입니다. 그 아이는 자기가 아빠의 특별한 애이기 때문에 어떤 일이 있어도 자기를 사랑한다는 것을 알고 있었습니다.

그 아이는 당신과 내가 때로 이해하지 못하는 진리 한 가지를 분명히 이해하고 있었습니다. "하나님의 사랑은 끝이 없다." F. B. 마이어는 하나님의 사랑은 마치 들국화 한 송이에 물을 주기 위해서 아마존 강물을 공급하는 것처럼 크다고 말했습니다.

그 말은 바로 하나님께서 현재 나의 감정을 알고 계실까 염려하지 않아도 된다는 의미입니다. 하나님께서는 분명히 알고 계십니다.

내가 무슨 생각을 하고 있는지를 아시는지 하나님께 물어볼 필요가 없습니다. 하나님께서는 다 알고 계십니다.

나는 "하나님께서 이해하고 계실까?"라고 생각할 필요가 없습니다. 왜냐하면 하나님께서 실제로 나를 이해하고 계시기 때문입니다! 내 삶의 수많은 영역 가운데 하나님께서 모르시는 부분은 하나도 없기 때문입니다. 하나님께서는 이미 태초부터 모두 알고 계십니다.

간절한 부르짖음에 대한 응답으로 받은 20달러를 통해서든, 혹은 매일 매일의 일상적인 일을 통해서든, 하나님께서는 우리 각자에게 개인적인 관심과 사랑을 가지고 계신다는 것을 지속적으로 확증해 주십니다. 바로 우리가 하나님의 자녀, 바로 '하나님의 특별한 아이'이기 때문입니다.

> 찬송하리로다.
> 하나님 곧 우리 주 예수 그리스도의 아버지께서
> 그리스도 안에서 하늘에 속한 모든 신령한 복으로
> 우리에게 복 주시되.
> 에베소서 1:3

제 4 장

놀라운 은혜

하나님의 사랑

나는 수표장에 메모를 한 장 남겼습니다. 슬픈 얼굴을 그려 넣은 후 이런 말을 기록했습니다. "실수해서 미안해요!" 나는 수표 번호, 금액, 그리고 잔액을 서로 바꾸어 기록했습니다. 여러 차례 수정한 표시와 가위표가 어지럽게 보였습니다.

남편은 잠자리에 들기 바로 전에 수표장을 계산했는데, 미소를 지으면서 침실로 들어왔습니다. "당신은 그 페이지가 잘못되었다고 생각되면, 바로 앞장을 살펴보았어야 했어. 내가 120달러를 더해야 하는데 뺐기 때문에 계산이 다 틀려 있었거든."

몸을 기울여 남편에게 입맞추며 고맙다는 말을 한 후에 다시금 남편을 인하여 감사하는 기도를 하나님께 드렸습니다. 언제나 있는 그대로 나를 용납하고 사랑하는 남편이 너무나도 감사했습니다. 그러나 그뿐만이 아닙니다. 언제나 나를 신뢰합니다. 또한 나를 옹호해 줍니다. 날마다 나는 남편의 인정과 격려를 느낄 수 있습니다. 남편은 나의 팬클럽 회장입니다. 늘 내 앞에 앞장서서 행진해 나갑니다. 내가 앞으로 나가기가 버겁다고 느껴질 때 큰소리로 나를 응원하고 힘을 북돋아 줍니다. 남편의 성실한 사랑은 나에겐 그 무엇보다 소중한 선물입니다.

그러나 남편이 이처럼 내게 보여 준 사랑 이상으로 하나님께서는 자신의 사랑을 훨씬 더 깊이 확증하여 주십니다. 하나님께서는 내가 잘못한 것은 기억조차 하지 않으십니다. 오직 나의 승리만을 기억하시며 칭찬하십니다. 그리고 인류 역사 전체를 통해 이 일을 해오고 계십니다. 기드온에게 물어 보십시오(사사기 6-7장).

기드온은 밤중에 타작을 하고 있었습니다. 기드온은 속으로 중얼거렸습니다. "못된 미디안 족속들! 하나님의 백성들에게서 모든 것을 빼앗아 가다니. 추수한 곡식은 물론 가축마저도 다 빼앗아 이제 남은 것이라고는 하나도 없잖아! 모두 산에 구멍을 파고 동굴에 숨어 살고 있는데도, 여전히 우리를 찾아내려고 안달이야. 게다가 들키지 않으려고 포도주 틀에서 밀을 타작해야 하다니. 정말 최악의 상황이야!"

그때 갑자기 여호와의 사자가 나타나 "큰 용사여, 여호와께서 너와 함께 계시도다"라고 말했습니다.

큰 용사라니? 기드온은 주위를 돌아보며 천사가 누구에게 말하고 있는지 살펴보았습니다. 그러나 자기말고는 아무도 없었습니다. 기드온은 여호와께서 자기 백성을 버리셨다고 하면서 항의하였습니다. 그러나 하나님께서는 단념하지 않으셨습니다. 하나님께서는 기드온에게, 가서 이스라엘 백성을 미디안에게서 구원하라고 명하셨습니다. 그리고는 이렇게 덧붙이셨습니다. "내가 너를 보낸 것이 아니냐?"

"주님, 진심이 아니시지요?"라고 기드온은 항변했습니다. "나의 지파는 이스라엘 중에 가장 약하며, 나의 집도 극히 약하고, 더구나 나는 내 아비 집에서 제일 작은 자입니다! 내게는 능력이 하나도 없습니다!"

하나님께서 말씀하셨습니다. "내가 반드시 너와 함께하리니 네가 미디안 사람 치기를 한 사람을 치듯 하리라."

"그렇지만 주님…."

"바로 네가 해야 한다!"

"그렇다면 주님… 나와 말씀하신 이가 주님이시라는 표징을 내게 보여 주소서."

"좋다. 어떤 증거를 원하느냐?"라고 말씀하시면서, 하나님께서는 여러 가지 기적을 통해, 기드온에게 확신을 심어 주셨습니다. 그러나 기드온은 여전히 겁에 질렸습니다. 소수의 군대를 이끌고 강력한 미디안 족속에게로 가기가 두려웠던 것입니다.

언제나 은혜로우시고 인내하시는 하나님께서는 기드온에게, 여전히 겁이 난다면 부하를 데리고 적진에 갔다 올 수도 있다고 말씀하셨습니다. 실제로 기드온이 적진으로 들어갔을 때 한 적군이 꿈을 얘기하자 다른 한 적군이 꿈을 해석하는 것을 들었습니다. 그 해석은 기드온이 미디안과의 전투에서 승리하게 될 것이라는 것이었습니다. 그제야 확신을 한 기드온은 진으로 돌아와서 외쳤습니다. "공격하자!"

그 광경을 보면서 나는 놀라움을 금치 못했습니다. 기드온은 하나님은 믿지 않으면서 적군의 말은 믿었던 것입니다! 그러나 더욱 놀라운 것은 하나님께서는 기드온의 인간적인 연약함을 이해하고 용납하셨다는 것입니다. 하나님께서는 기드온의 연약함에도 불구하고 기드온을 격려하고 견고하게 하시며 인도해 주셨습니다. 그리고 하나님께서는 기드온을 사용하여 주님의 백성을 구원하셨습니다.

나는 이런 내용을 읽으면서 나중에 기드온은 겁이 많은 사람으로 기억될 것이라고 생각했습니다. 적군과 직접 싸우기 전에 충분히 확신을 심어 주어야 했기 때문입니다. 그러나 그렇지 않았습니다. 오히려 기드온은 히브리서 11장의 '명예의 전당'에 오르게 되었으며, 사사기에서는 '용사'라고 불리게 되었습니다. 여러분, 이것이 바로 하나님의 놀라운 사랑이요 은혜입니다!

오래 전에 남편과 나는 어려운 시기를 겪었습니다. 모든 일에서 실패하고 있다는 생각이 들었습니다. 우리는 네 명의 형제 및 한 부부와 함께 살면서 그들을 제자로 훈련시키고 있었습니다. 그런데 한 형제가 우리를 대항하며 다른 사람들에게까지 영향을 미쳐 우리 둘을 비판하게 만들었습니다. 우리는 개인적인 사역에서뿐만 아니라 지도력에 이르기까지 모든 영역에서 비난을 받았습니다. 심지어는 우리 둘 사이의 관계까지도 흠을 잡았습니다. 그때 우리는 섬기고 있던 선교 기관에 아무런 도움이 되지 않는다고 느껴졌습니다. 마침내 사역을 그만둘 위기에 처했습니다. 그때 하나님께서는 기드온에게 하셨던 것처럼 우리에게 특별한 일을 행하셨습니다.

사직하겠다는 편지를 보내기 전에 남편은 혼자서 이틀 동안 기도하며 하나님의 인도를 구했습니다. 하나님께서는 남편에게 사직하도록 인도하시지 않고 선교회 내에서 전혀 새로운 일을 시작해 보라는 아이디어를 주셨습니다.

"그러나 주님." 남편은 항변했습니다. "현재 하고 있는 일에서 실패하였다고 생각되는데, 어떻게 더 큰 책임을 맡을 수 있겠습니까?" (마치 '나의 족속은 이스라엘 중에 가장 약하며, 나의 집도 극히 약하고, 더구나 나는 내 아비 집에서 제일 작은 자입니다!'라는 말과 비슷하지 않습니까?)

그러나 기도하면 할수록 남편은 하나님께서 자기 마음에 얹어 주신 것에 대하여 큰 확신을 갖게 되었습니다. 그리고 하나님께서 그 일을 우리에게 원하신다는 남편의 말을 듣고 나는 정말 놀랐습니다.

"정말이에요?"라고 나는 물었습니다.

"여전히 확신은 변함없소"라고 남편은 대답했습니다.

그러나 우리는 기드온처럼 분명 하나님의 음성을 들었다는 새로운 확신이 필요했습니다.

함께 대화하며 기도하는 동안에 우리는 남편이 확신하고 있는 방향으로 나아가기 위해서는 적어도 세 가지가 필요하다는 것을 알게 되었습니다. 남편의 인도자를 만나러 캘리포니아로 가야 하는데, 그곳까지 비행기를 타고 갈 돈이 필요했습니다 (우리의 은행 계좌에는 돈이 하나도 없었습니다). 또한 가격이 저렴한 "떨이 비행기 표"(이런 말은 들어보지 못했을 것입니다!)가 필요했습니다. 그리고 대개 일정이 빡빡한 그 인도자에게 쉬는 날이 있어야 했습니다(이것 또한 드문 일입니다!).

　기드온처럼 우리는 "양털을 깔았습니다." 먼저 필요하다고 생각한 세 가지를 위해 기도했습니다. 그리고 나는 이렇게 덧붙였습니다. "주님, 이것이 진정으로 주님께로 말미암은 것이라면 우리가 전화를 걸 때 남편의 인도자가 바로 옆에 있을 수 있도록 해주세요." 남편의 인도자인 리는 캘리포니아로 여행 중이었고, 우리는 그의 일정을 몰랐습니다. 내가 기도를 마치고 고개를 들자 남편은 두 눈을 휘둥그래 떴습니다. 분명 불가능하게 보이는 세 가지를 구한 것만 해도 충분했는데 이제 내가 바로 네 번째 것을 더했기 때문입니다!

　남편은 리가 있을 만한 시간에 전화를 걸었습니다. 한 형제가 전화를 받았는데, 남편은 지금 리가 어디에 있는지 알 수 있느냐고 물었습니다. 그러자 "잠깐 기다리세요. 바로 옆에 계십니다"라고 말했습니다. 리는 남편이 도착하면 시간을 내어 함께 대화를 나누겠다고 분명히 약속을 하였습니다. 그 다음 하루 동안 남편은 하나님께서 놀라운 방법으로 마련해 주신 돈으로 값이 싼 비행기 표를 구입할 수 있었습니다. 그리고 캘리포니아에서 리를 만날 수 있었습니다. 우리의 장래 사역에 대해 하나님께서 인도하셨다는 확증을 받은 것입니다.

　우리에게는 놀라운 하나님이 계십니다! 우리가 잘한 것만 선택하여 기억하시는 분입니다. 우리의 인간적인 연약함, 즉 우리의 두려움, 우리의 약점, 우리의 의심 등 모든 것을 이해하시는 분입니다. 또한 우리가 하나님의 은혜를 전혀 받을 만하지 않을 때도, 하나님께서는 놀라운 은혜를 베풀어 주시는 분이라는 사실을 우리에게 기억시켜 주시는 분입니다.

내 생애를 돌아볼 때 실패한 경우는 수없이 기억할 수 있습니다. 사람들 앞에서 당당하게 믿음을 드러내지 못한 것, 급한 성격을 다스리지 못한 것, 시기심과 두려움과 교만과 이기심을 제대로 다루지 못한 것 등이 있습니다. 승리한 경우는 애써 기억하려고 노력해야만 생각할 수 있을 정도입니다. 그러나 하나님께서는 내가 승리한 것은 기억하고 내가 실패한 것은 잊기로 선택하시는 분입니다. 하나님의 놀라운 사랑이 나의 모든 죄를 이깁니다. 그리고 남편과 기드온의 경우에도 그러했습니다. 물론 당신의 경우도 마찬가지입니다.

*사랑은 여기 있으니
우리가 하나님을 사랑한 것이 아니요
오직 하나님이 우리를 사랑하사
우리 죄를 위하여
화목제로 그 아들을 보내셨음이니라.
요한일서 4:10*

제 5 장

사랑에 뿌리를 박고

하나님의 사랑

나는 내슈빌에서 콜로라도스프링스까지 타고 갈 비행기 편 출발 시각이 아침 9시라고 생각하고 있었습니다. 나를 안내하던 자매는 충분한 시간 여유를 두고 나를 데리러 왔습니다. 그 자매는 자기 가족들을 교회에 데려다 주었으며, 나를 태우고 공항으로 가는 길에 주유소에 잠깐 들렀습니다. 주유소를 떠난 시각은 8시 10분이었는데, 나는 앉을 자리를 확인하려고 비행기 표를 꺼내 보았습니다. 그런데 출발 시각이 8시 20분인 것을 알고는 깜짝 놀랐습니다!

나는 숨을 헐떡이며 그 자매에게 될 수 있는 대로 빨리 서둘러 달라고 말했습니다.

너무도 늦었습니다! 비행기는 이미 출발했고, 나는 발권 카운터 앞에 실망과 낙심 가운데 서 있었습니다.

만약 그날이 봄철 휴가가 있는 주말만 아니었어도 상황은 그렇게까지 나쁘지는 않았을 것입니다. 그 다음 비행기의 모든 좌석이 다 예약되어 있었습니다. 그리고 이미 대기 승객 수도 많았습니다. 다른 모든 항공사의 비행기편을 다 살펴본 후에야 한참 뒤에나 출발하는 비행기의 대기자 명단에 이름을 올릴 수 있었습니다. 나는 의기소침하여 대기실에서 앉아 기다렸습니다. 정말 어리석다는 생각이 들었습니다. 정말 어리석었습니다. 그리고는 기도했습니다. "주님, 도와주세요! 모두 어리석어 저지른 실수입니다. 그렇지만 여기서 빠져나가는 것이 필요해요. 도와주세요."

이런 문제까지도 기도할 수 있다고 생각한 적은 한 번도 없었습니다. 순전히 내 잘못으로 생긴 문제였기 때문입니다. 이런 일에 대해서는 하나님께 도움을 청하기보다는 마음을 졸이며 걱정하고, 실수를 범한 자신을 탓하며 형편없다고 생각하는 것이 보통이었습니다. 그러나 바로 그날 나는 그 무렵 암송했던 이사야 46:3-4 말씀을 기억하였습니다. "야곱 집이여, 이스라엘 집의 남은 모든 자여, 나를 들을지어다. 배에서 남으로부터 내게 안겼고 태에서 남으로부터 내게 품기운 너희여, 너희가 노년에 이르기까지 내가 그리하겠고 백발이 되기까지 내가 너희를 품을 것이라. 내가 지었은즉 안을 것이요 품을 것이요 구하여 내리라."

하나님께서는 이런 상황에서도 내가 하나님께 도움을 청하기 원하셨습니다. 나는 말씀을 통해 하나님의 이런 의향을 깨달을 수 있었습니다. 하나님의 평강이 즉시로 내 마음에 자리를 잡았습니다. 물론 한 시간 뒤에 비행기를 타는 것과 같은 기적적인 일을 경험하게 된 것은 아닙니다. 사실, 원래 점심

즈음에 도착할 예정이었지만 그날 저녁 늦게까지도 나는 집에 도착하지 못했습니다. 그러나 하나님께서는 나를 구하여 주셨습니다. 이미 예약이 꽉 찬 두 편의 비행기 대기자 명단에 들어갈 수 있도록 하신 것입니다. 이 자체로도 기적이었습니다. 또한 공항에서 쉼을 누리며 즐거운 시간을 갖게 해주셨습니다. 성경을 읽고 공부하며 점심도 먹었습니다. 그리고 하나님께서는 이미 나를 이해하며 사랑하는 남편을 주셨습니다. 그날 남편은 저녁 늦게 돌아온 나를 반갑게 맞아 주었습니다.

신앙 생활의 초기에 하나님께서는 나의 기도에 기적이고 놀라운 방법으로 종종 응답하셨습니다. 우편함에 누군가가 20달러를 넣어 두는 것과 같은 기도 응답이 종종 있었습니다. 그렇게 명확한 응답은 분명 나의 어린 믿음의 약한 근육을 단련시키는 데에 꼭 필요했을 것입니다. 그러나 오늘날은 잔잔하지만 지속적인 하나님의 보살핌 속에서 하나님의 사랑을 더욱 자주 발견하게 됩니다. 나를 붙들어 주시며, 나를 잡아 주시고, 나를 들어 옮겨 주시는 과정에서 하나님의 사랑을 발견하게 됩니다. 그리고 내가 실수한 것에서조차 건져 주시는 것을 통해서도 사랑을 깨닫게 됩니다.

하나님의 보살핌 안에서 어떻게 안전을 누릴 수 있겠습니까? 우리에게 대한 하나님의 깊은 사랑을 신뢰함으로써 가능합니다. 그러면 어떻게 하면 신뢰하는 믿음을 기를 수 있겠습니까? 하나님의 진리의 말씀에 닻을 내림으로 가능합니다.

또 다른 구절이 마음에 떠오릅니다.

믿음으로 말미암아 그리스도께서 너희 마음에 계시게

하옵시고, 너희가 사랑 가운데서 뿌리가 박히고 터가 굳어져서 능히 모든 성도와 함께 지식에 넘치는 그리스도의 사랑을 알아, 그 넓이와 길이와 높이와 깊이가 어떠함을 깨달아, 하나님의 모든 충만하신 것으로 너희에게 충만하게 하시기를 구하노라. (에베소서 3:17-19)

만약 우리가 하나님의 놀라운 사랑에 뿌리를 내린다면, 우리는 어떤 상황에서도, 심지어는 우리가 어리석은 실수를 범할 때라도, 하나님의 사랑이 우리를 감싸고 있다는 것을 확신하며 그 축복을 경험하게 될 것입니다.

> 주의 인자가 생명보다 나으므로
> 내 입술이 주를 찬양할 것이라.
> 시편 63:3

제 6 장

하나님의 놀라운 보살핌

하나님의 사랑

마음을 진정시키느라 깊이 숨을 들이마셨습니다. 그러나 기도하는 것이 더 낫다는 생각을 하게 되었습니다. "주님" 하고 나는 속삭였습니다. "두렵습니다. 시내를 가로질러 집까지 운전을 해야 하는데 길은 온통 빙판입니다. 이런 날씨에 운전하는 것이 싫습니다. 잘 가도록 보호해 주세요." 기어를 변속하면서 집을 향해 조금씩 나아가기 시작했습니다.

집에 다다르기 여섯 구역 전에 내게 일어날 법한 사고가 내 앞차에서 일어났습니다. 도로 사정을 고려하지 않고 지나치게 빨리 달리던 픽업 트럭이 옆길에서 미끄러져 나와 내 앞에 가고 있던 밴 승용차를 들이받은 것입니다. 그리고는 두 차량 모두 마치 느린 동작에서 볼 수 있는 모양으로 내 차를 향해 곧바로 미끄러졌습니다. 나는 어쩔 도리 없이 충돌할 처지에 놓이게 되었습니다. 그런데 내 차 바로 몇 cm 앞에서 두 차량은 사이가 벌어졌습니다. 마치 보이지 않는 벽이 보호하고 있는 듯했습니다. 픽업 트럭은 오른쪽으로 방향을 틀었고, 밴 승용차는 왼쪽으로 기울어졌습니다.

깜짝 놀란 채 나는 중얼거렸습니다. "아버지, 감사합니다! 주님의 보호하심에 감사를 드립니다!" 경찰이 도착했고, 부서진 두 차량이 견인되어 가는 가운데 나는 경찰관의 여러 질문에 답을 했습니다. 그리고는 집을 향해 다시 출발했습니다. 충격을 받았지만 하나님께서 돌보아 주신 것을 인하여 계속 찬양을 하였습니다.

그날 저녁, 잠을 자려는데 갑자기 "만약 …했다면" 하는 생각이 계속 나를 사로잡았습니다. 내 차 옆으로 곧바로 다가오는 픽업 트럭에 그대로 충돌했다면 내 조그만 차는 어떻게 되었을까? 이 순간에 내 방에 있는 침대가 아니라 병원에 누워 있게 되었다면 어떤 일이 일어날까? 이런 저런 "만약 …했다면" 하는 생각이 드는 가운데 갑자기 또 다른 질문이 떠올랐습니다. '만약 내가 보호해 달라고 기도한 것에 대하여 하나님께서 오늘과 다르게 응답하셨다면 하나님께 감사했을까?'

한 친구가 생각났습니다. 커다란 트럭이 그 친구의 차를 들이받아 크게 찌그러졌습니다. 친구는 차 안에 갇혀 한 시간 동안이나 꼼짝도 하지 못했으며 큰 부상을 당했습니다. 친구는 하나님의 보호하심에 대하여 감사했을까? 바로 그때 친구가 했던 말이 생각났습니다. 경찰이 와서 상황을 묻는 질문을 할 때에도 하나님의 임재를 느낄 수 있었으며, 병원에 누웠을 때에도 하나님의 임재를 느낄 수 있었다고 한 것입니다. 사실 친구에 대한 하나님의 보살핌은 너무도 생생하였기 때문에, 이런 호된 시련 속에서도 친구는 하나님과 더욱 깊은 관계를 경험하게 되었습니다.

하나님의 보살핌이 언제나 질병이나 부상에서 우리를 보호하시는 것을 의미하지는 않습니다. 그러나 길이 미끄러웠던 그날 저녁, 나는 하나님께서 친히 나를 보호하여 주셨다고 생각합니다. 그리고 하나님께서는 우리가 직접 경험하고 아는 것 이상으로 우리를 보호하시는 일을 더 많이 하신다고 믿습니다. 그러나 우리가 나쁘다고 생각하는 일이 우리에게 일어난다고 할지라도, 언제나 우리는 인생의 모든 순간에 친히 우리를 주목하시는 하나님의 보살핌 가운데 있습니다. 이것은 변함없는 진리입니다. 하나님의 사랑은 너무나 크기 때문에 하나님께서는 자녀들 가운데 한 사람에게서도, 그리고 한 순간도 눈을 떼지 않으십니다. 100만 분의 1초도 한눈팔지 않으십니다.

베드로전서 1:5에서 주님께서는 내가 하나님의 능력으로 보호하심을 입고 있다고 말씀하십니다. 시편 139:5에는 이렇게 기록되어 있습니다. "주께서 나의 전후를 두르시며 내게 안수하셨나이다."

게다가 이것으로 그치는 것이 아닙니다! 하나님께서는 나를 보호하실 뿐만 아니라, 나 자신에게서 나를 보호하여 주십니다. 내 말을 믿으십시오. 나는 그런 보호가 필요합니다. 내 삶은 실패, 실수, 그리고 무지한 선택으로 어지럽게 널려 있습니다. 내게 상처를 입힐 수 있는 행동도 많이 합니다. 때로 심하게 상처를 입히기도 합니다. 나를 보호하시고 지켜 주시는 하나님께서 그런 일들까지도 역시 주목하고 계신다는 사실을 아는 것이 얼마나 위로가 되는지 모릅니다!

어느 여름날 오후 남편과 나는 디즈니랜드의 "환상의 나라" 25주년 기념 행진이 시작되는 것을 보려고 주 광장의 그늘진 부분에 서서 기다리고 있었습니다. 한 젊은 아버지가 세 살 정도 되어 보이는 자그마한 사내아이를 안고 우리 옆에 서 있었습니다. 그 아이는 약간 무서워하는 듯이 보였습니다. 그러자 아버지는 이렇게 속삭이면서 다시금 확신을 시켜 주었습니다. "아빠 네가 너를 해치는 일을 하지 못하게 도와줄 거야."

그 순간 내 눈과 그 아이 아버지의 눈이 마주쳤습니다. 그는 내게 미소를 짓더니 이렇게 설명했습니다. "얘는 미키 마우스를 두려워하고 있어요. 물론 모든 캐릭터를 다 두려워하고 있지요."

우리는 이해가 간다고 하면서 나지막한 소리로 말했습니다. "우리 딸도 백화점에 서 있는 산타를 보고 비명을 질렀습니다."

"이 애도 그랬습니다"라고 그는 대답했습니다.

잠시 뒤에 그가 이렇게 말하는 것을 들을 수 있었습니다. "얘야, 아빠 팔이 아파서 잠시 내려야겠구나." 그러나 아이가 겁에 질린 듯한 표정을 하자 그는 다시 안았습니다. 아이를 팔에 안지 않고 어깨에 맸다가 다시금 통증이 채 가시지 않은 팔에 안기를 반복하였습니다. 우리가 서서 행진을 보고 있던 45분 동안 내내 그렇게 하였습니다.

나는 디즈니 캐릭터들이 지나갈 때 그 아이가 어떤 반응을 보일지 관심 있게 지켜보았습니다. 나는 지나가는 대열 속에 있었기 때문에 우리 옆으로 캐릭터들이 춤을 추며 걸어갔습니다. 아빠의 어깨에서 안정감을 찾은 그 조그만 사내아이는 첫 번째 대열에 미니 마우스와 신데렐라가 지나가자 수줍은 듯이 미소를 지었습니다. 뒤이어 '미녀와 야수' 그리고 '인어 공주'에 나오는 동물들과 캐릭터들의 익살맞은 행동을 보고 웃음을 터뜨리기도 하였습니다. 마지막에 이르러서는 등장한 캐릭터들을 향하여 열정적으로 손을 흔들었습니다. 심지어 미키 마우스에게도 손을 흔들었습니다.

그날 밤 우리가 묵고 있던 콘도의 침대에 누웠을 때 그 젊은 아버지의 재차 확신시켜 주는 말이 떠올랐습니다. 그는 "네가 너를 해치는 일을 하지 못하게 도와줄 거야"라고 말했습니다. 그는 "아무것도 너를 해치지 못하게 도와줄 거야"라고 약속하지 않았습니다. 그렇지만 그의 약속은 이 말 이상이었습니다. 바로 "네가 너를 해치는 일을 하지 못하게 도와줄 거야"라는 약속이었습니다.

나는 하나님께서 그런 식으로 나를 보살펴 주시는 것이 필요합니다. '내가' '나를' 해치는 일을 하지 않도록 해주시는 것입니다! 만약 내가 하나님을 바라보며 하나님께 신뢰를 둔다면, 하나님의 보호하심이 모든 외적인 위험에서뿐만 아니라 나 자신의 쓸데없는 두려움이나 실수에서도 나를 보호하여 주실 것입니다.

그렇다면 내가 성실하게 주님을 따른다면 나쁜 일은 하나도 생기지 않는다는 말입니까? 아닙니다. 때로 하나님의 자녀들에게도 나쁜 일이 일어납니다. 그러나 나는 확신할 수 있습니다. 모든 일은, 심지어 나쁘게 보이는 일들까지도, 그리고 고통스럽고 힘겨운 상황이나 사건이라고 할지라도, 궁극적으로는 나의 선을 이루기 위한 것임을 믿을 수 있습니다. 이를 통해 나는 더욱 그리스도의 형상을 닮아 갈 수 있으며, 이것이 바로 내가 이땅에 있는 목적입니다(로마서 8:29).

하나님의 사랑을 모두 다 이해하거나 알 수는 없으리라 생각합니다. 하늘나라에 가서도 우리는 하나님의 사랑을 배우리라 생각합니다. 하나님의 사랑은 너무도 크고 다양하기 때문에 수백만 권의 책으로도 이를 온전히 서술할 수 없습니다. 하나님의 사랑은 우리 인간의 이해 범위를 훨씬 뛰어넘기 때문입니다.

그러나 하나님의 음성은 지속적으로 내게 속삭이십니다. "작은 자여, 두려워 말라. 내가 너를 돌보고 있다. 내게 귀를 기울이며 늘 너와 함께하는 나를 바라보아라. 나의 영원한 사랑을 끝까지 믿어라."

하나님이여,
주의 생각이 내게 어찌 그리 보배로우신지요.
그 수가 어찌 그리 많은지요.
시편 139:17

다시금 기억하기 위하여...

하나님의 사랑

조지 뮐러는 "매일 아침 내가 첫 번째로 할 일은 바로 내 영혼이 예수님 안에서 행복을 누리게 하는 것이다"라고 말했습니다. 우리의 마음은, 성경 말씀을 통해 우리를 향한 하나님의 깊은 사랑을 알고 찬양하며 그 사랑으로 가득 차야 합니다. 잠시 시간을 내어, 하나님의 사랑에 대하여 성경에서 말하고 있는 바를 묵상할 때 하나님의 사랑에 대하여 새로운 것을 깨달을 수 있도록 기도하십시오. (주제별 성경공부를 어떻게 하는지 알고 싶으면 부록을 참조하십시오.)

1. 요한복음 14:21에 의하면, 하나님의 사랑을 경험하기 위해서 우리에게 필요한 것은 무엇입니까?

2. 로마서 5:8에 의하면, 하나님의 사랑은 어떻게 확증되었습니까?

3. 로마서 8:31-32, 38-39에서 하나님께서는 하나님의 사랑에 대하여 어떤 약속을 주십니까?

4. 시편 31:19을 읽고 당신 자신의 말로 다시 써보십시오. 이 구절에서 당신은 어떤 지침과 격려를 얻을 수 있습니까?

5. 하나님께서 하나님의 창고에서 당신에게 어떤 "은혜"를 꺼내어 주셨습니까? 장래를 위해 "감추어 두신" 것으로 무엇을 그려 볼 수 있겠습니까?

6. 다음 구절에서 하나님의 사랑에 대하여 당신은 무엇을 발견할 수 있습니까?
    가. 시편 42:8

나. 시편 63:3

다. 시편 103:3-5

7. 이사야 43:1-7을 통해 하나님의 사랑과 보살핌에 대하여 어떤 약속을 발견할 수 있습니까? (그리스도 안에서 우리는 "야곱과 이스라엘"이 되었다는 사실을 기억하십시오.)

8. 에베소서 1:3-6에 당신 자신의 이름을 넣어 읽어 보고, 하나님의 사랑이 얼마나 크고 놀라운지 묵상해 보십시오. 잠깐 시간을 내어 하나님의 사랑이 당신 자신에게는 어떤 의미가 있는지 적어 보고, 당신을 향한 하나님의 사랑에 감사하는 시간을 가지십시오.

9. 시편 139편은 내가 즐겨 읽는 부분입니다. 최근에 이곳을 읽으면서 나는 거의 모든 대명사가 1인칭임을 발견하게 되었습니다. 24구절 가운데 적어도 49차례나 "나," "나를," 혹은 "나의"라는 말이 사용되었습니다. 이 시편을 천천히 읽

으면서 하나님께서 당신을 아시며 당신을 돌보신다는 것에 대하여 새롭게 깨달은 내용을 기록해 보십시오. 그리고는 다시 읽으면서 각 구절에 당신 이름을 넣어 보십시오.

10. 본 공부를 통해 특별히 당신 눈에 띄는 구절 하나를 암송하십시오. 다음 한 주 동안 이 구절을 통해 하나님께서 당신에게 어떻게 하나님의 사랑을 상기시켜 주시는지를 주의해서 살펴보십시오.

제 7 장

하나님께서는 결코 "아니, 이럴 수가!"라고 말씀하지 않으신다

하나님의 절대주권

남편은 꽃무늬가 그려진 안락 의자에 편안히 기대어 앉았습니다. 그리고는 다리를 뚫어지게 바라보았습니다. 다리 몇몇 곳을 손가락으로 눌러 보더니 혼잣말을 하였습니다. "그것 참 이상하네."

"뭐가 이상해요?"라고 나는 물었습니다.

"이리 와서 내 다리를 좀 봐요. 발목이 약간 부은 것 같소."

나는 이상하다고 생각하며 남편의 다리를 보았습니다. 그리고는 주춤했습니다. "아니, 이럴 수가!" 나는 소리를 쳤습니다. "정말 부었어요. 언제부터 그랬어요?"

최근에 우리는 장거리 운전을 했고, 연이어 여러 곳에서 말씀을 전하는 강행군을 해야 했습니다. 그러나 남편은 다리가 불편하다는 말을 한 적이 없었습니다. 남편은 머뭇거리면서 "잘 모르겠는데"라고 했습니다. "이곳까지 운전해 온 후부터 약간씩 부어오른 것 같소. 그러나 3일 동안 차를 운전하고, 게다가 말씀을 전하기 위해 오랜 시간 동안 서 있어서 그러려니 했소. 별로 아프지도 않아서 대수롭지 않게 생각했소."

남편의 말을 듣고 내 마음속에 일어났던 약간의 공포심이 누그러지기는 했습니다. 그러나 며칠이 지나도 부기가 빠지지 않자 나는 이렇게 말했습니다. "여보, 콜로라도스프링스에 전화를 걸어요. 주치의와 상담을 하는 게 좋을 것 같아요." 그래서 그날 오후에 남편은 전화를 걸었습니다. 의사는 몇 가지 질문을 하더니 별로 염려할 것은 아니라는 결론을 내렸습니다. 몇 주 뒤에 돌아오면 그때 한번 살펴보자고 우리에게 말했습니다. 그제야 안도할 수 있었습니다.

집에 돌아간 후에 남편은 의사를 방문했습니다. 의사는 부은 부위를 눌러 보기도 하고, 찔러 보기도 하며 진찰을 했습니다. 그리고는 "괜찮습니다. 심각한 것은 아니라고 생각합니다. 현재로서는 통증이 별로 없기 때문입니다. 그러나 확실히 알아보기 위해 빠른 시간 안에 초음파 검사를 하는 게 좋을 것 같습니다"라고 말했습니다.

다음날 오후 남편은 초음파 측정기 안에 눕게 되었습니다. 기사가 옆에 있었습니다. 남편은 검사 과정에 흥미가 있었기 때문에 초음파 화면을 유심히 바라보았습니다. 다리 부분의 동맥과 정맥이 그대로 드러났습니다. 기사는 측정 기구를 남편의 넓적다리까지 옮겼습니다. "보세요, 괜찮지요? 여기까지는 정상입니다."

그런데 갑자기 그 기사는 멈추었습니다. "아니, 이럴 수가!" 그는 전문가였지만, 남편의 왼쪽 다리에 혈액이 응고된 것을 발견하고는 근심하는 표정을 감출 수 없었습니다. 혈전(血栓)은 길이가 거의 30㎝나 되었으며, 큰 동맥을 막고 있었습니다.

갑자기 심각해졌습니다. 남편은 즉시로 병원에 입원하게 되었고 혈액 검사를 더 정밀하게 받아야 했습니다. 5일 동안 병원에 머물게 되었는데, 항응고제를 투여하면서 혈전의 변화를 관찰했습니다.

나는 두려워 어쩔 줄 몰랐습니다. 한 순간은 온통 두려움에 휩싸였다가 다시금 신뢰하는 마음으로 돌아섰습니다. "주님, 이 일에도 함께하십니까?"라고 속삭이면, 다음 순간엔 하나님께서 "모든 것이 나의 통치 안에 있다"라고 응답하시는 것을 들을 수 있었습니다.

이런 상황 속에서 우리의 친구이기도 한 주치의는 남편에게 천국에서 있을 법한 대화를 소재로 해서 만든 우스갯소리를 하였습니다. 천국에 있는 한 사람이 다른 사람에게 물었습니다. "어떻게 이곳에 올라왔습니까?"

그 사람은 이렇게 대답했습니다. "잘 기억이 나지 않습니다. 기억할 수 있는 것이라곤 수술대 위에 누워 있었는데 의사가 '이럴 수가!'라고 말한 것밖에 없습니다."

우리는 모두 웃었습니다. 그러나 웃기는 웃었지만 남편 때문에 마음놓고 웃지는 못했습니다.

나는 종종 "이럴 수가!"라고 말합니다. 골프장에서 티샷을 잘못했을 때 그런 말을 합니다. 손님들이 저녁 식사를 다 한 후에 냉장고에서 샐러드를 발견했을 때, 칼이 미끄러져 손가락을 베었을 때, 약속을 지키지 못했을 때, 블라우스에 마요네즈를 흘렸을 때 나는 "아니, 이럴 수가"라고 말합니다. 나는 대부분의 사람들이 "아니, 이럴 수가!"라는 말을 자주 할 것이라고 생각합니다. 그리고 우리는 하나님께서도 이런 우리와 비슷할 것이라고 생각하는 또 다른 잘못을 범하고 있습니다.

우리와 새로 친구가 된 이웃 사람들이 "평생의 꿈"이었던 유럽 여행을 떠났습니다. 그런데 이틀 후에 31세 된 딸이 갑자기 동맥류로 세상을 떠났습니다. 그들과 함께 울면서 나는 속으로 생각했습니다. '얼마나 끔찍한 일인가? 정말 슬픈 일이야. 그리고 하필 그런 때에 세상을 떠나다니. 정말 시기가 좋지 않았어!' 그러나 하나님께서는 이렇게 말씀하시지는 않았습니다. "아, 미안! 그건 내가 실수한 거야."

또 다른 이웃은 눈보라가 몰아치는 상황에서 덴버에서 차를 타고 오다가 두 트럭 사이에 끼는 충돌 사고를 당했습니다. 비록 살짝 긁히고 부분적으로 타박상을 입는 것으로 그쳤지만, 그날 일어난 모든 사건으로 큰 충격을 받았기 때문에 어쩔 줄 몰랐습니다. 하나님의 사랑에 의심이 들기도 했습니다. 그러나 하나님께서는 눈보라 때문에 앞을 보지 못하는 분이 아니셨습니다.

공군 군목으로 있는 한 친구는, 가족들이 이사를 원하지 않기 때문에 이사하지 않아도 되는 자리를 위해 기도하였는데, 결국 그 자리를 얻는 데 실패하였습니다. 그러나 그때도 하나님께서는 "나를 용서해라! 약간의 실수를 범한 것 같구나"라고 말씀하지 않으셨습니다.

내 머릿속에는 한 찬송가의 후렴이 계속 떠올랐습니다. "하나님께는 실수가 없으시네."

사람들은 우리에게 일어나는 일 가운데 얼마만큼이 죄악 된 세상에 살기 때문인지, 얼마만큼이 우리의 잘못되고 그릇된 선택 때문인지, 그리고 얼마만큼이 하나님의 손에서 직접 비롯된 것인지 질문하곤 합니다. 나는 이런 질문에 대해 그 답을 알고 있는 척하지 않겠습니다. 그러나 한 가지 분명히 아는 것은 하나님은 너무나 크신 분이기 때문에 그 어떤 일도 하나님 모르게 생기지는 않는다는 것입니다. 하나님께서는 어떤 일에도 당황하지 않으십니다. 그 어떤 것도 하나님께서 모르시는 것은 없습니다. 아무리 큰 일이라도 혹은 아무리 작은 세세한 부분이라도 하나님께서는 다 아십니다. 하나님께서 관심을 갖고 계시지 않는 일은 하나도 없습니다. 사실 나의 모든 날, 즉 나의 상황, 사건, 세세한 부분, 장애물, 실망, 시련 등을 이미 하나님께서는 정하셨습니다(시편 139:16).

내가 이런 교훈을 배우기 위해 필요했던 횟수만큼 여러분도 이 교훈을 반복해서 배울 필요가 있을까요? 우리의 마음과 생각 깊숙한 곳에 이 진리를 새겨 주시도록 하나님께 기도합시다. 그리고 우리의 모든 힘을 다하여 이 교훈에 매달릴 수 있도록 기도합시다. 당신과 나는 다시금 실수하고 잘못을 저지를 것입니다. 그러나 하나님께서는 결코 "아니, 이럴 수가!"라고 말씀하지 않으십니다.

> 내가 마음을 다하여 이 모든 일을 궁구하며 살펴본즉
> 의인과 지혜자나 그들의 행하는 일이나
> 다 하나님의 손에 있으니.
> 전도서 9:1상

제 8 장

"예, 그렇지만…"

하나님의 절대주권

일전에 한 이야기를 듣고 미소를 지은 적이 있습니다. 이발소에 가면 늘 구두닦이가 있었는데, 그는 항상 성경을 가지고 있었으며, 읽고 있지 않을 때에도 바로 손 옆에 두고 있었습니다. 어느 날 한 손님이 그에게 물었습니다. "오늘은 요한계시록을 읽고 계시더군요. 이해가 됩니까?"
"물론이지요. 나는 그 의미를 알고 있습니다."
"성경학자들조차도 의견이 일치가 되지 않는 부분을 당신이 이해한다고요? 어떤 의미라고 생각합니까?"
"바로 예수님께서 승리하실 것이란 의미입니다!"
그 구두닦이의 이해는 옳았습니다. 하나님께서는 모든 것을 통치하고 계시며, 절대주권을 가지고 계신 분입니다. 그리고 결국에는 예수님께서 승리하실 것입니다. 얼마나 축복이 되는 내용입니까? 그러나 때로는 그렇게 보이지 않을 때가 있습니다. 그렇지 않습니까?

'절대주권'이란 말은 많은 의미를 담고 있는 놀라운 단어입니다. J. D. 더글라스는 절대주권이란 '하나님께서 스스로 계획을 세우시고, 이 계획을 하나님 자신의 시기에 하나님의 방법으로 실행하는 것을 의미한다. 그리고 하나님의 뛰어난 이해력과 능력과 지혜를 간단하게 표현하는 단어이기도 하다. 또한 하나님의 뜻은 결코 즉흥적인 것이 아니며 하나님의 다른 여러 성품과 완전한 조화를 이룬다는 의미를 담고 있다'고 말했습니다.

호레이쇼 스파포드는 하나님의 절대주권을 신뢰하였습니다. 그는 19세기 후반 시카고에 살던 부유한 사업가였는데, 1871년에 일어난 커다란 화재가 도시 전체를 휩쓸었을 때 자기의 삶을 심각하게 평가해 보았습니다. 그리스도를 더욱 알고자 하는 마음을 품고 그는 자기의 모든 것을 팔고 그리스도께서 사셨던 땅으로 이사 가기로 결정했습니다. 그가 탈 배가 뉴욕에서 항해를 시작하기 직전에 그는 사업상의 일로 지체가 되었습니다. 그래서 가족을 먼저 보낸 후에 시카고에서 사업을 마무리짓고 나중에 가족들과 합류하기로 결정했습니다.

그의 아내와 네 딸은 1873년 11월 15일에 항해를 시작했습니다. 그들이 탄 배는 증기 기선이었습니다. 뉴욕을 떠난 지 6일 후에 바다 한가운데서 그들이 탄 배는 한 범선과 충돌하게 되었습니다. 충돌 후에 스파포드 부인은 아이들을 갑판으로 불러 무릎을 꿇고 기도하였습니다. 그리고는 하나님께서 자신들을 구해 주시든지, 혹은 죽는 것이 하나님께서 정하신 길이라면 기꺼이 이를 받아들일 수 있게 해달라고 간구했습니다.

15분도 채 못 되어 배는 가라앉았습니다. 그들은 바닷물에 빠졌고 이리저리 흩어지게 되었습니다. 의식을 잃은 스파포드 부인은 구명보트의 노를 젓고 있던 한 사람에 의해 구조를 받았지만 아이들은 모두 잃게 되었습니다.

10일 후에 스파포드 부인은 웨일스의 카디프에 도착했습니다. 그리고는 남편에게 두 단어로 된 전보를 쳤습니다. "나만 살았음."

스파포드가 배를 타고 아내를 만나러 가고 있는 중에, 선장이 그를 선교(船橋)로 불렀습니다. 지도를 가리키면서 선장은 스파포드 가족이 탔던 기선이 침몰된 곳이 어디인지 말해 주었는데, 바로 그때 배는 침몰 장소를 지나고 있었습니다. 이 상황에서 스파포드는 찬송시를 지었는데, 이는 훗날 시련과 고통 중에 있는 수많은 사람들에게 위로를 주었습니다.

내 평생에 가는 길 순탄하여 늘 잔잔한 강 같든지
큰 풍파로 무섭고 험하든지 나의 영혼은 늘 편하다.

호레이쇼 스파포드는 사랑하는 딸들의 죽음이 하나님께는 전혀 놀랄 일이 아니라는 것을 마음으로 알고 있었습니다. 사실 하나님께서는 하나님의 자녀들을 본향으로 부르신 것입니다. 그는 하나님의 절대주권을 온전히 신뢰하였습니다.

나는 '내 평생에 가는 길'이라는 이 찬송을 부를 때면 눈물을 글썽이게 됩니다. 스파포드가 당한 것 같은 심한 어려움을 만나더라도 이런 가사를 쓸 수 있는 사람이라면 주님을 의뢰하는 삶의 비밀을 이미 배운 사람이라고 할 수 있습니다. 이런 사람은 욥처럼 확신 있게 말할 수 있을 것입니다. "비록 하나님께서 나를 죽이시더라도 나는 하나님을 신뢰하겠습니다."

나는 그렇게 신뢰하는 삶을 늘 살지는 못합니다. 심지어 이 글을 쓰고 있는 동안에도 나는 내 마음속으로 "예, 그렇지만…"이라고 여러 차례 말했던 것을 기억할 수 있습니다.

"주님, 동생의 죽음은 어떻습니까?"

"짐이 오랫동안 직장을 구하지 못했는데, 이 경우에는 주님의 시기가 약간 틀린 것이 아닙니까?"

"주님, 그 아이가 다쳤는데, 이게 어떤 유익이 될 수 있겠습니까?"

내 짐작으로는 당신도 마음속으로는 종종 "예, 그렇지만…"이라고 말하리라 생각합니다. 두 가지 사실이 내게 격려가 됩니다. 첫째로, 이런 질문을 하는 것이 우리만이 아니라는 것입니다. 구약성경에 나오는 믿음의 영웅들조차도 이런 마음을 토로하였습니다. 시편 기자는 이렇게 말했습니다. "내가 부르짖음으로 피곤하여 내 목이 마르며 내 하나님을 바람으로 내 눈이 쇠하였나이다"(시편 69:3). 둘째로, 하나님께서는 "예, 그렇지만…"이라고 하며 의심하는 나를 이해하십니다. 주님께서는 육체의 가시를 제거해 달라는 바울에게 이렇게 확신을 시켜 주셨습니다. "내 은혜가 네게 족하도다. 이는 내 능력이 약한 데서 온전하여짐이라"(고린도후서 12:9). 내가 의심한다고 해서 하나님의 완전한 계획이 조금이라도 변화되는 것은 아닙니다!

사실, 나는 세상 모든 일을 주관하거나 혹은 내 삶을 통제하는 책임을 지기 싫습니다. 두 가지 가운데 어느 것도 잘할 만큼 지혜롭지도 못하고 크지도 강하지도 못합니다.
그러나 하나님은 그렇게 하실 수 있습니다.
그래서 나는 기쁩니다!

그런즉 너는 오늘날 상천 하지에
오직 여호와는 하나님이시요
다른 신이 없는 줄을 알아 명심하고.
신명기 4:39

제 9 장

주님, 이해할 수 없어요!

하나님의 절대주권

의자에 편한 자세로 앉으려고 몸을 이리저리 움직였습니다. 임신 3개월밖에 되지 않았는데도 힘이 들었습니다. 게다가 그건 내 의자도 아니었습니다. 우리는 해외 선교를 떠난 한 교목의 집에 이사를 했던 터였습니다. 대학에 다니는 자녀 둘이 있었는데, 그들 때문에 생활은 늘 신경이 쓰였습니다. 생물을 전공하던 아들은 차고에다 뱀을 길렀습니다. 그리고 토끼 한 마리는 온 집안을 돌아다녔습니다.

갑자기 뒤를 돌아보고는 의자에서 벌떡 일어나게 되었습니다. 뱀이 아니라 토끼라는 사실을 안 후에야 겨우 안심이 되어 다시 앉아서 책을 읽으려 했습니다. 그러나 집중할 수 없었습니다. 아마도 스낵을 먹으면 도움이 되리라 생각했습니다.

나는 무거운 몸을 이끌고 냉장고로 갔습니다. 냉장고에 뭐가 있는지도 모른 채 문을 열었습니다. 그런데 썩은 토마토가 들어 있으리라고는 생각지도 못했습니다. 구역질이 나기 시작했습니다. 나는 신음 소리를 내며 욕실로 갔습니다.

마침내 현관문을 열고는 밖으로 뛰쳐나갔습니다. 댈러스의 후끈한 공기가 느껴졌습니다. 눈물이 떨어졌습니다. 나는 울며 걸었습니다. 주님께 기도하였습니다. "주님, 이해할 수 없어요! 일주일 뒤면 남편은 졸업을 합니다. 우리는 4년 동안 트레일러 집에서 살았습니다. 학교에 진 빚은 트레일러 집을 팔면 다 갚을 수 있을 것이라 생각했습니다. 그러나 아직도 팔리지 않았습니다. 그리고 팔리기 전까지는 새로이 자리가 난 교회로 떠날 수도 없습니다. 지금은 트레일러 집에서 나와 이사를 하고, 집은 경매에 부쳐야 했습니다. 그런데 아직도 팔리지 않았습니다. 이제는 어찌할 바를 모르겠습니다. 아버지 하나님, 이유가 뭐지요? 왜 트레일러 집을 팔아 달라는 우리의 기도에 응답하지 않으세요?"

하나님의 음성은 내 주위를 감싸고 있는 공기처럼 조용했습니다.

우리는 트레일러를 팔아 적어도 2,000달러를 만들어야 했습니다. 결국 우리가 댈러스를 떠나야 하기 바로 전날, 가까스로 900달러에 팔렸습니다. 우리가 진 빚을 갚고, 일리노이까지 갈 수 있는 자동차 기름을 겨우 살 수 있었습니다. 우리는 낡은 닷지 승용차를 타고 갔습니다. '하나님께서 우리에게 별로 관심이 없으시거나 아니면 우리를 버리신 것이 아닌가?' 하는 생각이 들어 이를 억누르려 했지만 소용이 없었습니다. 그리고 나는 두려웠습니다. 우리는 남은 생애를 모두 하나님을 섬기는 데 헌신하기로 결심하였습니다. 그렇지만 지금 당장 하나님께서는 우리의 여러 필요에 별로 관심이 없으신 것처럼 보였습니다. 혹시 내게 깨닫지 못하거나 자백하지 않은 죄가 있는 것은 아닌가? 하나님께서 우리에게 속상하신 것이 있는가? 여러 혼란스러운 생각들로 내 마음은 짓눌렸습니다.

우리는 몇몇 교회를 알아보기로 계획했습니다. 그러나 우리가 가진 돈으로는 교회 한 곳밖에는 방문할 수 없었습니다. 그렇지만 일단 우리가 도착하자 하나님께서는 구체적인 방법으로 하나님의 신실하심을 보여 주시기 시작했습니다. 일리노이 교회를 방문했을 때 남편이 청소년부 책임자를 맡도록 인도해 주셨던 것입니다. 수중에 있었던 돈 외에는 더 이상 돈이 필요하지 않았습니다!

우리는 트레일러에서 가져온 개인 용품 몇 가지와 옷 가방만 달랑 들고서는 방 세 개짜리 아파트에 들어섰습니다. 가구는 하나도 없었습니다. 침대, 식탁, 전등, 소파, 혹은 의자를 살 만한 돈도 없었습니다. 텅 빈 세 개의 방을 돌아보면서 이렇게 주님께 말씀드렸던 것이 생각납니다. "좋습니다, 주님. 이제 주님께서는 어떻게 하실 건가요?"

우리가 이사하던 날 침대가 배달되어 왔습니다. 그 교회에 다니는 한 부부가 선물한 것이었습니다. 일주일이 채 못 되어 우리 아파트에 필요한 가구를 모두 갖추게 되었는데, 참으로 놀라운 방법으로 이루어졌습니다.

그러나 물론 단점도 있었습니다. 대부분의 가구들이 "고전적인" 것들이었습니다. 대부분 오래되고 서로 어울리지 않았으며, 가구가 많아서 쓰지 않고 있던 사람이 우리에게 빌려 준 것들이었습니다. 물론 장점도 있었습니다. 그 다음해에 우리는 오리건 주의 포틀랜드로 이사해야 했는데, 그곳까지의 이사 비용이 들지 않게 된 것입니다. 우리가 곤궁할 때 도움을 받은 이 일을 통해 우리는 교회 사람들과 더욱 친밀해졌다는 것을 알 수 있었습니다.

지금이라면 그때처럼 하지는 않겠죠! 무엇인가 받기보다는 오히려 가난한 사람들에게 베풀 수 있을 것입니다. 갓 태어난 딸아이가 잘 수 있는 침실을 마련할 것입니다. 린은 잠잘 때 시끄럽기 때문에 같은 방에서 함께 잠을 잘 수 없었습니다. 그래서 우리는 거실에서 잠을 잘 수밖에 없었던 것입니다. 그 외에도 많은 것들이 달라질 것입니다.

그러나 만약 환경을 마음대로 할 수 있었다면, 나는 배워야 할 많은 교훈들을 배우지 못했을 것입니다. 나는 낮아지는 것을 배울 필요가 있었습니다. 다른 사람들이 나누어 주기를 원할 때 이를 감사함으로 받는 것을 배울 필요가 있었습니다. 내 방식대로 하지 않는다는 것이 무엇을 의미하는지를 배울 필요가 있었습니다. 불평하지 않고 매일의 "허드렛일"을 하는 법을 배울 필요가 있었습니다. 매일 열 장이 넘는 기저귀를 직접 손으로 빨아 지하층에 널어야 했습니다. (우리는 세탁기가 없었고, 빨래를 세탁소에 갖다 줄 차도 없었으며, 기저귀 배달 서비스를 사용할 돈도 없었습니다.) 무엇보다도 나는 하나님의 길이 비록 내가 원하는 바가 아니더라도 결국은 가장 좋은 길이라는 교훈을 배울 필요가 있었습니다.

이 교훈은 정말 강력했습니다. 나는 이것을 결코 잊을 수 없을 것이라고 생각했습니다. 이제는 근심 걱정에 휩싸여 소심하게 지내는 날이 끝났다고 생각했었습니다. 그러나 얼마나 잘못된 생각인지 모릅니다!

　한 친구는 당뇨병에 걸려 쇠약해져 있었는데, 잘 낫지 않았습니다. 또 다른 한 친구는 그렇게 갈망하던 직장을 얻지 못했습니다. 오랫동안 기대했던 여행이 취소되기도 했습니다. 다른 사람이 내가 하는 일을 망쳐 놓기도 합니다. 이럴 때 나는 여전히 두렵고 걱정이 되며 실망하거나 인내하지 못하고, 때로는 화가 날 때도 있습니다. 나는 종종 나의 시야를 하나님에게서 돌려 환경에 고정시킬 때가 있습니다. 이런 경우에 하나님께서는 내게 다음과 같이 상기시켜 주십니다. "나는 네게 복을 주려고 절대주권 가운데 모든 일을 통치한다. 내 길이 네 길과는 다를지라도 나의 길은 항상 가장 좋은 길이다."

　하나님께서는 결코 나를 포기하지 않으신다는 사실이 얼마나 감사한지 모릅니다. 나는 참 더디게 배우는 사람입니다. 그러나 하나님께서는 참으로 인내가 많은 선생님이십니다.

> 오직 우리 하나님은 하늘에 계셔서
> 원하시는 모든 것을 행하셨나이다.
> 시편 115:3

제 10 장

아무도 당치 못하는 하나님

하나님의 절대주권

19 92년 2월 차가운 밤이었습니다. 전화벨이 울렸습니다. 남동생의 숨막히는 목소리가 들렸습니다. "데이비드… 데이비드가 죽었어요."

'안 돼!' 나는 두려움에 질려 옆에 있는 의자에 풀썩 주저앉았습니다. 내 남동생의 장남인 데이비드는 결혼해서 세 아이가 있었는데, 쾌활한 성품에 사람을 즐겁게 할 줄 아는 사람이었습니다.

나는 목구멍으로 겨우 넘어오는 질문을 했습니다. "어떻게?"

목소리가 갈라지며 동생은 대답했습니다. "안전 사고였어요. 주위에 아무 사람도 없던 점심 시간에 부딪혀 죽었어요."

나는 충격 때문에 정신이 멍해져서 동생이 말하는 것을 거의 반밖에 들을 수 없었습니다. "…이동용 벨트…구체적인 사항은 잘 모르겠어요…원통 사이에 부딪혔어요." 그 다음 사흘 동안은 충격과 눈물과 슬픔과 당황과 불면증 등으로 얼룩졌습니다.

그 다음주에 역대하 14장을 읽게 되었는데, 한 구절 한 구절 모두 마음에 와 닿았습니다. 아사 왕도 나처럼 어찌할 수 없는 상황에 처하게 되었습니다. 백만 명이나 되는 구스 사람들이 스바다 골짜기에 진을 치고서 유다 사람을 치려고 했습니다. 이때 아사가 주님께 부르짖었습니다. "여호와여, 강한 자와 약한 자 사이에는 주밖에 도와줄 이가 없나이다"(역대하 14:11 참조).

이 구절을 읽으며 나는 속으로 이렇게 생각했습니다. '바로 내가 이런 처지야. 우리 가족에게 다가오는 강한 군대를 맞서 싸울 능력이 내게는 없어. 죽음, 두려움, 외로움, 신경 쇠약, 그리고 마음속의 고통에 대해 내가 할 수 있는 거라곤 하나도 없어.'

나는 계속 읽어 나갔습니다. 아사는 이렇게 기도했습니다. "우리 하나님 여호와여, 우리를 도우소서. 우리가 주를 의지하오며 주의 이름을 의탁하옵고." 나는 아사 왕의 기도를 그대로 따라 기도했습니다. 그러나 11절의 마지막 구절은 놀랍고 신기했습니다. "여호와여, 주는 우리 하나님이시오니 원컨대 사람으로 주를 이기지 못하게 하옵소서."

나는 커다란 충격을 받았습니다. 내 생각으로는 "원컨대 사람으로 나를 이기지 못하게 하옵소서"라고 기록되어야 했습니다. 그러나 성경에는 이렇게 기록되어 있지 않았습니다. "원컨대 사람으로 주를 이기지 못하게 하옵소서."

앉아서 이 구절을 생각할 때 구스 사람들은 실제로는 아사 왕과 싸우고 있는 게 아니라는 것을 깨닫게 되었습니다. 그들은 하나님을 대적하여 싸우고 있었던 것입니다. 그리고 옛날 그 전쟁은 아사 왕의 전쟁이 아니었듯이 엄청난 고통과 어쩔 줄 모르는 상황에 처한 나의 전쟁 역시 나의 것이 아니라는 것을 깨달았습니다. 하나님께서는 두 가지 상황을 다 아셨습니다. 그럼에도 하나님께서는 이를 허락하셨습니다. 그리고 하나님께서는 이를 허락하셨을 뿐만 아니라 상황을 온전히 통치하고 계셨습니다.

내 마음에 갑자기 커다란 화면이 떠올랐습니다. 많은 군대가 언덕을 넘어 진격해 오고 있었습니다. 그러나 골짜기에 서 있는 나는 아무런 대비도 못하고 주위에 도움을 주는 사람도 없습니다. 나는 외쳤습니다. "도와주세요! 누구 없습니까? 나는 도움이 필요합니다!" 그때 군대가 진격해 옵니다. 거의 죽음을 당할 수밖에 없는 상황입니다. 그런데 갑자기 반대편 언덕에서 엄청나게 큰 분이 등장합니다. 태양을 가릴 정도입니다. 너무나 강력해서 어떤 화살이나 원자폭탄으로도 감히 대항할 수 없습니다. 그분은 대적하는 군대를 내려다보십니다. 그 군대는 이미 진 거나 다름없습니다.

그런데 나는 어디에 있습니까? 나는 그분의 품안에 숨겨져 있었습니다. 조그만 구멍으로 내다보고 있었습니다. 그 무엇보다도 안전하고 안정된 곳이었습니다.

아사 왕처럼 나는 이렇게 기도할 수 있었습니다. "여호와여, 주는 우리 하나님이시오니 원컨대 사람으로 주를 이기지 못하게 하옵소서."

하나님께서는 지지 않으셨습니다. 나는 매우 안전했습니다. 아사 왕처럼 하나님의 보호 아래 있기 때문이었습니다. 골로새서 3:3에는 이렇게 기록되어 있습니다. "…너희 생명이 그리스도와 함께 하나님 안에 감취었음이니라." 나는 그리스도와 함께 하나님 안에 싸여 있습니다. 하나님의 자녀에게 일어나는 그 어떤 것도 그리스도와 하나님의 이중 보호를 뚫고 들어오지 못합니다.

조카의 죽음 이후 여러 주 동안 스트레스가 되는 상황이 많이 생겼습니다. 기도하려고 주님 앞에 앉았지만, 한 마디 말도 할 수 없었던 상황이었습니다. 그러나 내 마음은 평강이 주장하고 있었습니다. 나는 하나님께서 이 상황을 책임지고 계신다는 확신이 있었습니다. 고통스런 일들에 대하여 내가 할 수 있는 것이라곤 사실 하나도 없다는 것을 알고 안식을 누릴 수 있었습니다. 예수님께서는 죽음을 이기셨습니다. 그리고 이 진리로 인하여 데이비드는 이 세상에서 살 동안 정말 생기 있는 삶을 살았습니다. 사람, 슬픔, 죽음 등 그 어떤 것도 하나님을 이길 수는 없습니다. 나는 이 진리 안에서 안식을 누리게 되었습니다.

잠언 21:30에서는 이렇게 말합니다. "지혜로도, 명철로도, 모략으로도 여호와를 당치 못하느니라." 나는 이 진리를 머리로뿐만 아니라 마음으로도 언제나 믿고 있는가? 사실은 그렇지 못합니다. 그렇기 때문에 하나님께서는 늘 하나님의 절대 주권에 대하여 내게 상기시켜 주셔야 합니다. 그리고 종종 하나님께서는 말씀을 통하여 이 일을 행하십니다. "생물들의 혼과 인생들의 영이 다 그의 손에 있느니라"(욥기 12:10). "저가 너를 그 깃으로 덮으시리니 네가 그 날개 아래 피하리로다. 그의 진실함은 방패와 손 방패가 되나니"(시편 91:4).
　그렇기 때문에 나는 아사 왕의 기도를 자주 반복합니다. 내게 아무도 당치 못하는 하나님이 계시다는 사실이 얼마나 기쁘고 감사한지 모릅니다.

> 여호와는 나의 빛이요 나의 구원이시니
> 내가 누구를 두려워하리요?
> 여호와는 내 생명의 능력이시니
> 내가 누구를 무서워하리요?
> 시편 27:1

제 11 장

언제나 가장 좋은 때에

하나님의 절대주권

몇 성경 이야기를 읽다 보면 그 장면을 마음속에 그려 보아야 할 때가 종종 생깁니다. 그중에 하나를 소개합니다.

때: 그리스도께서 오시기 수백 년 전.
장소: 광야에 있는 조그만 마을. 늦은 오후 광장 중앙에 있는 우물에 두 여인이 있습니다.
라마: "유딧! 굉장한 소식이 있어! 슈난이 건축자를 고용해서 자기 집에 방을 하나 더 만들었대! 믿을 수 있어? 하나님께서는 슈난이 건축할 돈을 갖고 있다는 것을 알고 계신 모양이야! 그 방은 선지자 엘리사를 위한 것이라고 슈난이 건축자에게 말하는 것을 들었어. 엘리사가 우리 마을에 올 때 머물 수 있도록 하기 위해서래."

유딧: "라마, 정말이야? 슈난은 원래 '친절 아줌마'잖아. 그렇지만 그렇게 늙은 사람과 결혼하여 아직 아이도 없는 게 너무 안됐어."

* * *

얼마간 세월이 지난 후 같은 장소에서 같은 두 사람이 만났습니다.

유딧: "라마, 만나서 너무 반가워. 정말 오랜만이야. 네가 이곳으로 다시 이사 온 다음에 처음이구나."

라마: "정말 오래됐어. 별다른 일이라도 있었니?"

유딧: "많은 일이 있었어. 믿어지지 않을 거야! 슈난이 아이를 낳았어. 물론 남편은 나이를 더욱 많이 먹었지. 아들이야. 분명히 엘리사가 슈난을 위해 기도했기 때문일 거야. 아마도 슈난이 베푼 친절에 대한 보답이겠지. 그런데 여호와께서 응답하셨어!"

라마: "정말! 놀랍구나."

유딧: "그런데 더 놀라운 소식이 있어. 지난달에 아이가 죽게 됐어."

라마: "정말 끔찍하구나! 그런데 '더 놀라운 소식'이라는 게 뭐니?"

유딧: "슈난이 엘리사를 불러서 엘리사가 이곳에 왔는데, 글쎄 아이를 다시 살렸다고 하더구나!"

라마: "정말 대단하구나!"

유딧: "내 두 눈으로 그 아이를 똑똑히 보았어."

라마: "정말 놀라운 일이구나!"

* * *

7년 정도가 더 흐른 후에 같은 두 사람이 같은 장소에서 만났습니다.

유딧: "라마, 여호와를 찬양해. 드디어 비가 내려서 가뭄이 끝났어!"

라마: "맞아, 정말이야."

유딧: "방금 들은 새로운 소식이 있어. 엘리사가 슈난에게 가뭄이 시작되기 바로 전에 이 나라를 떠나라고 했던 것을 기억하지? 그 이후로 가뭄이 7년이나 계속되었잖아. (우리 남편들도 미리 알았더라면 얼마나 좋았을까? 정말 끔찍한 기간이었어!) 슈난은 지난주에 돌아왔는데 문제가 산더미처럼 쌓여 있는 것을 알게 되었어! 너도 알다시피 슈난의 남편은 몇 년 전에 죽었는데, 슈난이 없는 사이에 아비드(그는 언제나 불한당이었잖아!)가 집과 땅을 몽땅 차지하고서는 다시 돌려주지 않겠다고 한다는 거야!"

라마: "어쩜 그럴 수가? 슈난은 어떻게 했데?"

유딧: "슈난과 아들이 직접 왕에게 찾아갔데!"

라마: "턱도 없을 텐데! 그리고 분명 슈난은 남편도 없고 가난하기 때문에 왕의 얼굴도 보지 못했을 거야."

유딧: "물론 왕은 만나 주지 않았을 거야. 누군가가 없었더라면."

라마: "누군데? 정말 궁금해지는구나."

유딧: "정말 놀라운 소식은 이거야. 슈난이 문 앞에 이르렀을 때, 엘리사의 사환인 게하시가 왕과 함께 있었어. 그는 엘

리사가 행했던 모든 기적들을 왕에게 말하고 있었는데, 그중에서 엘리사가 슈난의 아들을 살린 것을 말하고 있었어! 바로 그때 문 앞에 서 있는 슈난을 보게 된 거야! 게하시는 '이럴 수가! 슈난과 그 아들이 바로 여기 있다니. 왕이시여, 슈난이 직접 왕께 말씀드릴 수 있게 되었습니다'라고 했어."

라마: "그래서 어떻게 되었니?"

유딧: "왕은 슈난과 아들을 들어오라고 해서 어떤 일이 일어났는지 물어 보았을 뿐만 아니라 슈난의 현재 사정을 듣고서는 집과 땅을 다시 찾을 수 있도록 해주셨어. 그리고 지난 7년 동안 아비드가 그 땅에서 얻은 모든 수익도 함께 말이야!"

라마: "정말 믿을 수 없는 일이구나!"

유딧: "나도 그래, 라마. 그렇지만 사실이야."

* * *

잘 알고 있는 이야기 같지 않습니까? 열왕기하 4장과 8장에 나오는 이야기에다 내가 사람들의 이름을 붙인 것입니다. 물론 여러 구체적인 상황은 사실입니다. 슈난이라고 이름 붙인 여인은 성경에는 이름도 나오지 않습니다. 그저 수냄 여인이라고 나와 있습니다. 그러나 이 이야기는 하나님의 완전한 때를 잘 그려 주고 있습니다. 성경에는 이런 이야기가 많이 나옵니다.

하나님의 때는 오늘날도 완전합니다. 가끔 하나님의 때가 이해할 수 없어 보이기도 하지만, 완전하신 하나님의 때로 말미암아 놀랄 때도 있습니다. 어느 주일 오전에, 남편과 나는 자주 가지 않던 한 교회에 나가기로 하였습니다. 찬송을 함께 부르고 있었는데, 우리보다 몇 줄 앞에 바바라가 서 있는 것을 발견하였습니다. 옆에는 머리가 희끗희끗한 부인이 있었는데, 아마도 바바라의 모친인 것 같았습니다. 바바라는 여러 달 동안 암으로 고생하였으며, 유방 절제 수술도 받았습니다. 바바라는 키가 상당히 컸는데, 옆에 있는 어머니를 팔로 안듯이 두르고 있었습니다. 참으로 아름답고 멋진 모습이었습니다. 마치 어머니를 지키고 보호하기를 원하는 것처럼 보였습니다. 내 마음에는 바바라 바로 옆에 예수님께서 같은 방식으로 바바라를 두르고 계시면서, 인생의 어두운 골짜기를 지나고 있는 바바라를 보호하고 지켜 주며 돌보고 계시는 모습이 그려졌습니다.

하나님께서 내 마음에 어떤 동기를 주실 때면 나는 사람들에게 짤막한 편지 쓰기를 좋아합니다. 이를 통해 사람들을 격려해 줄 수 있습니다. (유감스럽게도, 하나님께서 원하시는 때에 그대로 하지 못할 때도 있습니다.) 며칠 뒤에 나는 내 마음속에 그려졌던 모습에 대하여 바바라에게 편지를 썼습니다.

우리가 여행을 떠나기 바로 전날 밤에 바바라가 전화를 하였습니다. 바바라는 내 편지를 받기 바로 직전에, 자기의 암이 재발하여 다시금 수술을 받고, 진료를 받으며, 화학 치료를 해야 한다는 말을 들었다고 했습니다. 하나님께서는 나의 편지를 사용하셔서 바바라에게 격려가 필요한 바로 그 시점에 바바라를 위로하여 주셨습니다. 뿐만 아니라, 수년 동안 어려움을 겪고 있었던 바바라의 어머니도 바바라가 읽어 준 편지를 듣고는 역시 격려를 얻었다고 했습니다. 바바라의 어머니는 말보다는 편지를 통해, 연상된 그림을 훨씬 잘 이해할 수 있었던 것입니다.

　바바라와 어머니가 그 예배에 참석한 것이 우연일까요? 나는 그렇게 생각하지 않습니다. 그 교회에서는 같은 예배를 주일마다 세 차례씩 드립니다. 바바라의 가족은 대개 주일학교에 참석한 뒤에 마지막 예배를 드립니다. 그런데 그날은 바바라의 아버지가 편찮으셔서 주일학교는 빠지기로 했던 것입니다. 바바라와 어머니는 이전에는 참석하지 않았던 예배에 참석했을 뿐만 아니라, 하나님께서는 남편과 내게 동기를 주셔서 바로 그 교회에 나가고, 바로 그 예배에 참석하며, 바바라가 앉아 있던 몇 줄 뒤에 자리를 잡게 하셨던 것입니다. 그리고 주님께서는 계속 내게 동기를 주셔서 바바라와 어머니를 격려하는 편지를 쓰게 하셨는데, 그들에게 진정으로 격려가 필요한 때였습니다.

　놀랍지 않습니까? 하나님은 정말 놀라운 분이십니다.

　하나님의 절대주권은 너무도 크기 때문에 당신과 나는 우리의 남은 생애 동안 절대주권의 의미를 하나 하나 조금씩 배워야 할 것입니다. 하나님께서는 나의 날과 나의 순간들에 대하여 절대주권을 가지고 계십니다. 또한 겉으로 보기에는 "우연"처럼 생각되는 사건들에 대해서도 절대주권을 가지고 계십니다. 우리 삶의 모든 영역에서 하나님의 때는 완전합니다. 내가 하나님의 얼굴을 보지 못할 때라도, 그리고 하나님의 의도가 무엇인지 전혀 이해하지 못할 때라도 하나님께서는 온전히 통치하고 계십니다.

　주님, 다시금 상기시켜 주십시오. 잊지 않도록 해주십시오.

여호와와 같이 거룩하신 이가 없으시니
이는 주밖에 다른 이가 없고
우리 하나님 같은 반석도 없으심이니이다.
사무엘상 2:2

다시금 기억하기 위하여...

하나님의 절대주권

국제 네비게이토 선교회 회장을 역임한 론 쎄니가 이런 말을 한 적이 있습니다. "하나님의 말씀을 섭취하지 않고서 하나님께 대한 믿음을 가질 수 없다." 정말 그렇습니다. 모든 것을 선을 위해 통치하시는 하나님에 대하여 성경에서 무엇을 말하고 있는지 살펴보기로 하겠습니다. 잠깐 시간을 내어 하나님의 말씀이 오늘 당신에게 "생생하게" 되도록 해달라고 기도하십시오.

1. 다음 구절을 당신 자신의 말로 기록해 보십시오.
   역대상 29:11-12,14

역대하 20:6

욥기 12:10

시편 75:6-7

시편 89:11

시편 115:3

이사야 14:27

히브리서 1:3

2. 이 구절 가운데 어떤 구절이 당신에게 의미 있게 다가옵니까? 왜 그렇습니까?

3. 이 구절을 통하여 하나님께서 당신에게 개인적으로 무엇을 말씀하신다고 생각하십니까? 이것에 대하여 하나님께서 당신이 행하기를 원하시는 바는 구체적으로 무엇입니까?

4. 당신이 선택한 구절을 암송하십시오. 그 구절이 있는 부분에 서표(書標)를 끼워 놓으십시오. 그리고 매일 성경을 읽을 때마다 그 구절을 읽어 보십시오. 그 구절로 기도하면서 하나님께서 당신의 삶에 적용하기를 원하시는 것이 무엇인지 묵상해 보십시오.

5. 하나님의 말씀을 묵상하는 것은 하나님의 교훈을 마음에 "새기는"데에 큰 도움이 됩니다. 당신이 고른 구절을 다음 방법을 통해 묵상해 보십시오. (영어의 모음 다섯 글자를 사용한 방법입니다.)

A 그 구절에 대하여 질문을 해보십시오(Ask).

E 구절을 몇 차례 반복하여 읽으면서 각기 다른 단어를 강조해 보십시오(Emphasize).

I 구체적인 방법으로 예를 들어 보십시오(Illustrate).

O 다른 성경 구절(Other). 같은 주제에 대하여 말하는 다른 구절을 생각해 보십시오.

U 적용을 하십시오(Use). 하나님께서는 이 구절에 대하여 당신이 어떤 적용을 하기 원하십니까?

6. 당신의 삶에, 지금 당장 '어떻게 할 수 없다'고 보이는 상황이 있는지 생각해 보십시오. 하나님의 절대주권에 대하여 배운 것을 토대로 그 상황을 다시 생각해 보십시오. 그리고는 베드로전서 5:7을 적용해 보십시오. "너희 염려를 다 주께 맡겨 버리라. 이는 저가 너희를 권고하심이니라."

제 12 장

오늘, 그리고 매일 매일

하나님의 성실하심

날이 밝았습니다. 햇살이 비쳤지만 공기는 차가웠습니다. 콜로라도의 여느 때 가을 아침과 마찬가지였습니다. 주님과 교제를 잘 가진 후, 나는 하루를 미리 내다보며 산들바람처럼 좋은 하루가 되기를 바랐습니다. 남편은 하루 종일 모임이 있었기 때문에 나는 몇 가지 일을 보기로 했습니다.

시내로 가서 오랜 시간을 들여 준비했던 비디오 테이프를 찾았습니다. 딸아이 린에게 깜짝 놀랄 만한 크리스마스 선물이 될 것입니다. 나는 좋은 슬라이드를 골라 인화를 해놓았는데, 사진을 가지고 비디오 테이프를 만들 수 있다는 사람을 찾아서 배경 음악을 삽입했습니다. 마침내 거의 두 달이나 걸려 비디오 테이프가 완성되었습니다. 나는 기꺼이 돈을 지불하고 비디오와 복사본을 차에 실었습니다. 그리고는 세탁소에 들러 수선을 의뢰했던 재킷 두 벌을 찾았습니다. 수양회에 보낼 책을 우체국까지 옮기느라 등 부분이 뒤틀려 수선을 맡겼던 옷이었습니다. 세탁소 일을 마치고는 집으로 돌아왔습니다.

그런데 재킷을 좀더 자세히 살펴보다가 나는 불만을 터뜨리게 되었습니다. 애초에 세탁소에 맡긴 것은 주름을 펴기 위해서였는데, 주름은 여전히 그대로 있었고, 한두 개 주름이 더 생기기까지 했던 것입니다. 그 다음 30분 동안 나는 직접 다림질을 하며 제대로 일을 못한 세탁소 사람들을 원망하였습니다. 다시는 그곳에 가지 않겠다고 다짐까지 했습니다.

다림질을 하면서 비디오를 틀었는데, 다시금 불만이 생겼습니다. 화면은 초점이 맞지 않았으며 색깔도 형편없었습니다. 사진만 10초 간격으로 보일 뿐 음악은 하나도 들리지 않았습니다. 혹시나 해서 복사본도 틀어 보았지만 사진조차 나오지 않았습니다. (그렇게 싼값에 했으니 놀랄 일도 아닙니다.)

그날 오후에 나는 감자를 삶기 시작했습니다. 그 동안에 서재로 가서 한 가지 일을 했습니다. 그리고는 사촌에게서 전화가 걸려 와 즐거운 대화 시간을 가졌습니다. 대화를 나누는 동안에 뭔가 타는 냄새가 났습니다. 그제야 감자를 까맣게 잊고 있었다는 것을 깨달았습니다. 감자가 탔을 뿐만 아니라 몇 시간 동안 집안은 감자 탄 냄새가 진동하였습니다. 또한 눌어붙은 그릇을 닦는 데 30분이나 시간을 들여야 했습니다. 냄새를 없애기 위해서 계피와 정향나무를 넣고 삶기 시작했는데 나중에는 그 그릇마저 태우고 말았습니다!

그때 편지가 왔습니다. 오랜 친구에게서 온 편지인데, 어렸을 때 우리가 살던 집이 화재로 소실되었다는 소식이었습니다. 나는 미시간에서 100년이나 된 오래된 집에서 자랐습니다.

우리 가족은 내가 학교에 들어갈 때부터 대학을 졸업할 때까지 이 집에서 살았습니다. 남편은 2층에 있는 베란다에서 구혼(이제 이 단어는 옛날 말이 되었지요?)을 했으며, 넓은 앞마당에서 결혼 피로연을 열었습니다. 비록 부모님께서 몇 년 전에 그 집을 팔았지만, 경사진 지붕과 옛날 창문, 그리고 석탄 난로는 늘 내 마음에 떠올랐습니다. 이제 그 집은 없어졌고, 내 추억에는 커다란 구멍이 생겼습니다.

남편이 모임에서 돌아왔을 때 나는 눈물을 흘리고 있었습니다. 인사를 했는지조차 기억이 나지 않습니다. 그러나 그날 내가 당한 일들을 남편에게 나눌 때 하나님께서는 내 마음에 이렇게 말씀하셨습니다. "캐롤, 내가 어제 너를 돌본 것처럼 오늘도 돌보고 있다는 것을 너는 믿고 있느냐? 오늘도 나의 성실함을 보고 있느냐?"

나는 내키지 않는 마음으로 "주님, 오늘은 그렇게 생각한 편이 못 되지요?"라고 말하면서도 애써 진실을 회피하려고 했습니다.

주님께서는 계속하셨습니다. "캐롤, 오늘 일어난 일 가운데서도 내가 네게 성실했다는 것을 인정할 수 있느냐?"

참 힘든 질문이라고 생각했습니다. 조그만 재앙들이 연이어 일어나는 동안에 나는 분명 하나님을 보지 못했습니다. 하나님을 깨닫지 못했습니다. 그런 실망되는 일에 대하여 하나님께 분명 감사하지 않았습니다. 그러나 모든 정황을 고려해 볼 때 하나님께서 내내 나와 함께하셨다는 것을 머리로는 알 수 있었습니다. 그래서 이렇게 대답했습니다. "주님, 오늘 내내 저와 함께하여 주셨습니다."

"그렇다면 오늘 무엇을 배웠느냐?"라고 주님께서 물으셨습니다.

또 하나의 힘든 질문이었습니다. (왜 나는 삶이 항상 재미있고 순탄해야 한다고 생각하는지 모르겠습니다.) 나는 잠잠해졌습니다. 너무나도 쉽게 잊는 진리들이 마음에 떠올랐습니다. 계속해서 상기해야 하는 진리들이었습니다. 하나님은 오늘 나와 함께하셨습니다. 모든 것이 제대로 돌아가는 것처럼 보이는 날에 함께하셨던 것처럼 내가 보기에는 모든 것이 잘못된 것처럼 보이는 바로 오늘도 나와 함께하셨습니다. 그리고 나는 엉터리 비디오 테이프에서 감자를 태운 것까지 모든 일에서 감사해야만 합니다.

삶은 어렵습니다! 죽음, 암, 류머티스성 관절염, 당뇨병, 그리고 동맥 경화증. 또한 직업을 잃고, 경제적으로 쪼들리고, 자녀들이 말을 듣지 않고, 가슴 아픈 일들이 널려 있는 세상을 볼 때, 하나님의 성실하심을 보는 것은 어렵습니다. 그런 큰 어려움 속에서뿐만 아니라 조그만 일들 가운데서 하나님의 성실하심을 보는 것 또한 어렵습니다!

때로 감자를 태우거나 엉터리 비디오 테이프를 받는 날이 생기는데, 이런 날에 나는 내가 도대체 어떤 믿음을 가지고 있는지 돌아보게 됩니다. 하나님께서 나를 도와주시고 돌보시는 것이 눈에 보일 때에만 하나님을 믿고 있지는 않은가? 아니면 내가 이해가 되든 되지 않든 모든 상황 가운데서 하나님을 신뢰하고 있는가?

성경에서는 하나님께서 모든 일에 성실하심을 내게 분명히 보여 줍니다. 그리고 하나님께서는 거짓말을 하지 않으시는 분임을 말씀하십니다. "하나님은 인생이 아니시니 식언치 않으시고 인자가 아니시니 후회가 없으시도다. 어찌 그 말씀하신 바를 행치 않으시며 하신 말씀을 실행치 않으시랴?"(민수기 23:19). 하나님께서 뭔가를 말씀하시면 나는 그 말씀을 의지할 수 있습니다. 사실 하나님의 성실하심은 너무나 크기 때문에 성경에서는 하나님의 성실하심이 하늘까지 미친다고 했습니다(예레미야애가 3:23, 시편 57:10).

하나님께서는 성실하심 가운데 많은 일들을 하십니다. 내가 좋아하는 일도 있지만, 차라리 없으면 좋겠다고 생각되는 일도 있습니다. 몇 가지 예를 들면 다음과 같습니다.

하나님께서는 성실하심으로 말미암아 나를 괴롭게 하십니다(시편 119:75).

나는 이를 별로 좋아하지 않습니다.

하나님께서는 성실함 가운데 우리를 징계하십니다(히브리서 12:10-11).

이것 또한 좋아하지 않습니다.

하나님께서는 성실하심으로 나를 돌보십니다(시편 91:4).

나는 이런 것을 좋아합니다.

성실하심으로 내게 약속하신 것을 지키십니다(히브리서 10:23).

나는 이것에 대하여 크게 감사합니다.

하나님께서는 성실하시기 때문에 나를 용서하십니다(요한일서 1:9).

이것 또한 크게 감사하고 있습니다.

하나님께서는 성실하심으로 말미암아 나를 보호하십니다

(시편 91:4).

참으로 큰 축복입니다!

이런 약속들은 하나님께서 성실하게 공급하여 주시는 모든 것의 한 부분에 지나지 않습니다.

만약 내가 하나님의 성실하심을 기억해야 할 때마다 하나님께서 내 손가락에 실을 매신다면, 내 손은 실로 칭칭 감기게 될 것입니다! 그러나 삶을 돌아보면 나는 하나님의 성실하심이 사라진 적이 없음을 분명히 알 수 있습니다. 그렇다면 '이번에는 혹시' 하면서 왜 그렇게 자주 내게 대한 하나님의 성실하심이 사라지지는 않을까 염려할까요?

의심하는 것이 단지 인간의 본성이라서 그런가요? 사탄의 거짓말 때문일까요? 나는 모릅니다. 그럼에도 불구하고 하나님의 성실하심은 지속적으로 내게 압력을 가하여 내 삶을 변화시키십니다. 그 압력으로 말미암아 내 삶이 완전히 구부러져도, 내 모습이 구부러지는 것은 사실 하나님의 형상으로 바뀌고 있는 것입니다. 그리고 나는 마음속으로 이에 대하여 "아멘" 하고 말하면서 그렇게 되기를 진심으로 바랄 수 있게 됩니다.

> 그런즉 너는 알라. 오직 네 하나님 여호와는
> 하나님이시요 신실하신 하나님이시라.
> 그를 사랑하고 그 계명을 지키는 자에게는
> 천 대까지 그 언약을 이행하시며 인애를 베푸시되.
> 신명기 7:9

제 13 장

삭제 키

하나님의 성실하심

    컴퓨터 화면에서 잠시 눈을 돌렸습니다. 그 주 동안에는 아마 백 번도 넘게 책상에 붙여 놓은 한 문구에 시선이 멈추었을 것입니다. "인간은 실수하게 마련이다. 그러나 컴퓨터 사용은 정말 혼란스럽다." 컴퓨터로 말미암아 글쓰기가 쉬워졌는지는 모르지만 내 삶이 더 편해지지는 않았다는 생각을 하면서 불평을 했습니다.

  컴퓨터 때문에 생기는 혼란스러움에도 불구하고 나는 '삭제' 키를 매우 좋아합니다. 작지만 얼마나 멋진 장치인지 모릅니다. 한 번 누르기만 하면 원하지 않는 글자, 단어, 혹은 문서 전체를 지워 줍니다. 일상 생활에서도 그런 용도의 장치가 하나 있다면 멋지지 않겠습니까?

  어제는 정말 키를 눌러서 지워 버리고 싶었던 순간들이 있었습니다. 10분 정도 내렸던 우박을 지워 버리고 싶습니다. 우박에 맞아 목욕탕 천창(天窓)이 다시금 샜기 때문입니다. 책상에서 일하느라 보냈던 30분도 지워 버리고 싶습니다. 낮은 불에 올려놓았던 스파게티 소스가 끓어 넘쳐서 스토브 상단뿐만 아니라 바닥 카펫까지 흘렸던 것입니다.

 또한 내 삶에 있는 고통스럽고, 혼란스럽고, 실망되고, 그리고 힘들었던 일들 가운데 몇몇을 정말 지워 버리고 싶습니다. 없어도 되는 상황을 분별하는 것은 그리 어려운 일이 아닙니다. 몇 가지만 든다면….

 고등학교 다니던 시절, 어머니가 수술을 받으면서 거의 돌아가실 뻔했습니다. 여러 차례 심장이 멎었고 근심이 집안 전체에 가득했습니다. 마치 시체 위를 맴도는 독수리가 집 주위를 떠도는 듯했습니다. 생전 처음으로 아버지가 눈물을 흘리시는 것을 보고는 마음이 더 아팠습니다. 할 수만 있다면 그 여러 주 동안의 고통과 아픔을 지워 버리고 싶습니다.

 지금도 악몽처럼 생각나는 또 다른 사건이 있습니다. 대학 졸업반 시절, 남편과의 약혼이 깨진 것입니다. 몹시 창피하고 당황했으며, 버림받은 듯한 느낌을 받았습니다. 그 비참했던 여러 달을 지워 버릴 수만 있다면 얼마나 좋을까요!

 신체적으로 고통스러웠던 몇몇 날들도 사라져 버렸으면 좋겠습니다. 린을 출산할 때 꼬박 48시간을 고통 가운데 지냈습니다. 남편에게 신장 결석이 생겨 참을 수 없을 정도로 고통스러워한 적이 있고, 나 또한 집에서 멀리 나와 있었는데 신장 결석 때문에 고통을 겪은 적이 있었습니다.

 내 생애에서 가장 힘들었던 2년이 있다면 여동생 조이가 백혈병으로 고생하고 있었던 때였습니다. 동생이 겪은 고통과 아픔을 지워 버리고 싶습니다. 또한 가족들이 겪어야 했던 고통도 지워 버리기를 원합니다. 그 당시 흘린 모든 눈물과 슬픔을 깨끗이 없앴으면 좋겠습니다.

물론 내 삶 속에서도 지워 버리고 싶은 순간들이 있습니다. 그런 느낌은 다른 기억들이 떠오르기 전까지는 계속됩니다. 바로 이런 기억들입니다.

어머니께서 생사의 갈림길에 계시던 어느 주일 아침, 하늘은 잔뜩 찌푸려 있었습니다. 예배를 마치고 교회에서 걸어나오면서 나는 어머니의 생명이 어떻게 될지 모르는 가운데서는 단 일 분도 더 견딜 수 없을 것 같았습니다. 하나님께 간절히 기도하면서 어머니께서 괜찮으실 거라는 확증을 무엇이든 보여 달라고 구했습니다. 어떤 종류의 증거를 구해야 할지 제대로 모르는 상태에서 나는 기도했습니다. "주님, 엄마를 살려 주실 계획이시라면, 그냥 햇빛이 빛나게 해주세요." 내가 눈을 뜨자마자 햇살을 볼 수 있었습니다! 순간이었지만 정말 아름다웠습니다. 구름이 갈라지면서 햇살이 마치 하늘에서 내게 스포트라이트를 비추듯이 쏟아져 내려왔던 것입니다.

나중에 나는 어머니께서 성경공부를 인도하시던 한 고등학생 그룹과 함께 기도를 하고 있었습니다. 전화벨이 울렸습니다. 아버지였습니다. "의사가 말하기를…." 아버지는 말씀을 제대로 하시지 못했습니다. "의사가 말하기를… 엄마가 살아날 수 있을 것 같단다!"

지금 그 일을 생각하면 나는 그런 시간들은 지워 버리고 싶지 않습니다.

그리고 남편과 내가 얼마 동안 불편한 관계 가운데 갈등한 적이 있었습니다. 나는 왜 주님께 친밀감을 느끼지 못하고 있는지에 대해서 깨닫게 해달라고 구했습니다. 주님께서는 내 삶에서 주님보다 남편이 더욱 중요한 위치를 차지하고 있다는 것을 보여 주셨습니다. 고통 가운데서 나는 남편에 대한 나의 권리를 포기하기로 결정하였습니다. 그러나 그때 경험한 평강은 말로 형언할 수 없는 것이었습니다. 이런 선택의 결과로 세월이 흐르면서 나는 많은 것을 잃고 버림받아 고통을 겪고 있었던 수많은 여자들과 공감할 수 있게 되었습니다. 또한 그 기간 동안 사랑과 용서와 용납에 대하여 많은 교훈을 배웠던 것을 기억합니다.

아마도 그러한 여러 달 동안에 대해서는 삭제 키를 누르지 않으려 할 것입니다.

신체적으로 고통스런 나날을 보냈던 때를 기억할 때면 분명 그런 일들은 삭제하고 싶어집니다. 그때 남편에 대해 알게 된 것이 떠올랐습니다. 온유함과 긍휼, 그리고 남편이 보여 준 사랑으로 말미암아 나는 어려운 시기를 함께 극복할 수 있다는 확신을 갖게 되었습니다. 그리고 남편이 고통 중에 있을 때엔 나를 필요로 한다는 사실을 알게 되어 남편에 대한 사랑이 얼마나 많이 자랐는지 모릅니다. 남편의 신장 결석이 마침내 제거되었을 때 남편은 이렇게 말했습니다. "나도 어떻게 되었는지 모르겠소. 하지만 내가 기억할 수조차 없을 것 같은 3일 동안 하나님께서는 나를 변화시키셨소."

예, 그렇습니다. 신체적인 고통도 삭제하고 싶지 않습니다.

여러 기억을 떠올리다가 동생 조이가 죽어 가던 고통의 2년도 지우고 싶지 않다는 생각이 들었습니다. 그 동안 하나님께서는 우리를 두 팔로 안아 주셨으며, 위로하시는 하나님, 붙들어 주시는 하나님, 우리가 아무 힘이 없을 때 우리를 안고 나아가시는 하나님이심을 우리에게 드러내어 보이셨습니다. 조이의 죽음으로 말미암아 하늘나라에 대한 나의 시야가 변화되었습니다. 이제 영원한 본향에 들어간 조이가 웃고, 노래하고, 기뻐하는 모습을 그려 볼 수 있게 되었습니다.

　이런 일들 가운데 담긴 하나님의 신실하심을 볼 수 있다면, 즉 하나님께서 그런 일을 사용하여 우리의 삶 속에 선을 이루신 것을 깨달을 수 있다면, 아직도 내가 아무런 의미를 깨닫지 못하는 일에 대해서도 하나님을 의뢰할 수 있지 않겠습니까? 그리고 좋든 나쁘든, 혹은 이해할 수 있든 없든, 내 삶의 모든 순간들을, 완전한 길로 인도하신다고 말씀하시는 하나님의 손에 맡길 수 있지 않겠습니까?

　그렇습니다. 하나님의 길과 생각은 언제나 우리보다 높습니다. 다음에 이를 잊을 때가 생길지도 모릅니다. 주님, 내가 다시 기억할 수 있게 하여 주옵소서.

주께 힘을 얻고
그 마음에 시온의 대로가 있는 자는
복이 있나이다.
시편 84:5

제 14 장

어디에 놓여 있습니까?

하나님의 성실하심

쥬디는 여러 가지 비타민을 판매한 후에 자기가 선전하는 것을 열성적으로 실행에 옮겼습니다. 모든 질환마다 그에 맞는 비타민이 따로 있었습니다. 그러다가 소화 불량으로 심각한 병에 걸렸습니다. 쥬디는 먹을 수도, 잠을 잘 수도 없었습니다. 결국 주된 장기들이 기능을 멈추기 직전까지 이르게 되었습니다.

쥬디는 친구들에게 감히 기도 부탁을 할 수 없었습니다. 그렇게 한다면 자기가 지금까지 열심히 전하고 실행했던 모든 것을 부정하는 셈이라고 생각했던 것입니다. 그러다가 거의 죽기 직전까지 이르렀습니다. 쥬디는 마지막으로 무릎을 꿇고 하나님께 자기를 고쳐 달라고 간절히 구했습니다. 바로 그때 쥬디는 하나님께서 기적적으로 병을 고쳐 주시는 것을 경험하게 되었습니다.

나중에 쥬디는 내게 이렇게 말했습니다. "나는 아마도 하나님 대신에 비타민을 믿고 있었던 것 같아."

때로 나도 역시 하늘에 계신 하나님 대신에 다른 사람 혹은 어떤 것을 의지할 때가 있습니다.

생계를 위해 남편의 능력을 의지합니다. 물론 남편의 수입으로는 더 이상 어떻게 할 수 없는 상황에 이르기 전까지입니다. 우리가 여러 해 동안 함께 일한 선교회의 안정성을 의지합니다. 물론 남편이 지도자의 위치에서 물러나기 전까지입니다. 선천적으로 건강한 내 신체를 의지합니다. 물론 관절염이 생기기 전까지입니다.

거듭해서 하나님께서는 시편 62:1 말씀을 기억나게 하십니다. "나의 영혼이 잠잠히 하나님만 바람이여. 나의 구원이 그에게서 나는도다." "하나님만이라고요?" 내 마음에 이런 질문이 생깁니다. "나만이란다." 아버지께서 대답하십니다.

당신과 나는 무엇을 의지합니까? 숙련된 외과 의사? 교육? 건강한 신체? 돈? 권력? 지위? 성경에서는 달리 가르칩니다. 하나님께서는 우리를 사랑하시기 때문에 우리가 오직 하나님만 의뢰해야 하는 상황으로 인도하실 경우도 있다고 가르치고 있습니다.

> 형제들아, 우리가 아시아에서 당한 환난을 너희가 알지 못하기를 원치 아니하노니, 힘에 지나도록 심한 고생을 받아 살 소망까지 끊어지고, 우리 마음에 사형 선고를 받은 줄 알았으니, 이는 우리로 자기를 의뢰하지 말고 오직 죽은 자를 다시 살리시는 하나님만 의뢰하게 하

심이라. 그가 이같이 큰 사망에서 우리를 건지셨고 또
건지시리라. 또한 이후에라도 건지시기를 그를 의지하
여 바라노라. (고린도후서 1:8-10)

쥬디에게는 9절 말씀이 이렇게 들릴 수도 있을 것입니다.
"이는 우리로 (비타민을) 의뢰하지 말고 오직 죽은 자를 다시
살리시는 하나님만 의뢰하게 하심이라." 하나님께서는 일부러
우리의 믿음을 단련하시는 상황으로 인도하신 후에 하나님의
성실하심을 기억하도록 이끄십니다.
 내가 들은 설교 가운데 결코 잊을 수 없는 설교가 몇 개 있
습니다. 그중 하나를 소개합니다.
 남편과 내가 비집고 들어간 작은 교회는 무척 붐볐습니다.
이안 토머스 소령이 주일 아침 설교를 담당했는데 나는 관심
있게 들었습니다. 하나님께서 우리를 위해 특별히 선택한 상
황으로 우리 각 사람을 인도하신다는 내용이었습니다. 그는
우리의 현재 상황에 하나님의 손이 함께하신다는 것을 믿어야
할 뿐만 아니라 우리의 현재 상황을 받아들여야만 한다고 말
했습니다. 그는 성경에 나오는 많은 사람들의 예를 들면서, 그
들은 자기가 놓인 상황을 다 좋아한 것은 아니지만 그 상황이
하나님께로 말미암은 것임을 인정하고 받아들였다고 했습니
다. 그 설교는 다음과 같은 가상의 대화로 끝을 맺었습니다.
이런 상황에 처한 성경의 인물들과 나누는 대화입니다.

 "다니엘?"
 "예."

"바로 당신이 왕 다음으로 최고의 권력을 가지고 있었던 그 다니엘입니까?"

"예."

"유대인으로서 유명하고 위대한 인물이 된 그 사람입니까?"

"예."

"좋습니다, 다니엘. 도대체 당신은 사자 굴에서 무엇을 하고 있었습니까?"

"아, 놓여 있었습니다."

"놓여 있다니요? 무슨 의미입니까?"

"나는 보냄을 받았습니다. 그리고 나는 갔습니다. 그래서… 놓여 있습니다."

* * *

"바울?"

"예."

"당신이 바로 여러 차례 선교 여행을 하고, 사람들을 고쳐 주고, 독사에 물렸지만 아무 일도 없었던 그 바울입니까?"

"예."

"그리고 또한 여러 도시에서 많은 제자들을 얻고 세계 각 곳을 다니며 가르친 그 바울이 맞습니까?"

"예."

"좋습니다, 바울. 성벽에서 광주리에 달려 내릴 때 무엇을 했습니까?"

"나는 놓여 있었습니다."

"놓여 있다니요? 무슨 의미입니까?"

"나는 보냄을 받았습니다. 그리고 나는 갔습니다. 그래서…
놓여 있습니다."

*　　*　　*

"나사렛 예수?"
"예."
"당신이 바로 물로 포도주를 만들고, 소경의 눈을 뜨게 하고, 문둥병자와 절름발이를 고친 나사렛 예수란 말입니까?"
"예."
"당신이 바로 열두 영도 더 되는 천사들을 마음대로 부릴 수 있다는 나사렛 예수입니까?"
"예."
"좋습니다, 나사렛 예수. 십자가에 달려서 당신은 무엇을 했습니까?"
"나는 놓여 있었습니다."
"놓여 있다니요? 무슨 의미입니까?"
"나는 보냄을 받았습니다. 그리고 나는 갔습니다. 그래서… 놓여 있습니다. 그리고 아버지께서 나를 보내신 것 같이 나도 당신을 보냅니다."

이 말들은 여전히 내 마음에 남아 있습니다. 토머스 소령은 그날 아침 그곳에 놓여 있었습니다. 바로 하나님께서 내게 원하시는 곳에 내가 놓여 있어야 한다는 것을 기억나게 하려고 말입니다. 그리고 여러분도 마찬가지입니다. 이를 알 때에, 우리는 오직 하나님만 의뢰해야 합니다. 오직 하나님만.

모든 일을 그 마음의 원대로 역사하시는 자의 뜻을 따라
우리가 예정을 입어 그 안에서 기업이 되었으니,
이는 그리스도 안에서 전부터 바라던 우리로
그의 영광의 찬송이 되게 하려 하심이라.
에베소서 1:11-12

제 15 장

직접 개인적으로

하나님의 성실하심

우리는 유대인이 소유하고 있는 어떤 집에 세를 들었습니다. 우리는 주인을 만난 적도 없는데, 그는 우리가 그리스도인임을 알고 있었습니다. 나는 첫 달 집세를 낼 돈이 충분하지 않았기 때문에 염려가 되었습니다. 나는 주님께 따졌습니다. "주님, 이것은 좋은 간증이 되지 못합니다! 이것이 주님께 영광이 될 수 있는 여지는 하나도 없습니다."

나는 하나님께 우리의 모든 필요를 채워 주시겠다고 하신 약속을 상기시켜 드렸습니다. 우리가 고정된 직업이 없이 전임 사역에 드려지기를 요구하셨을 때에 우리에게 주신 약속입니다. 당시에는 우리에게 모든 것을 공급하여 주실 것이라고 계속 확증하여 주시던 터였습니다. 나는 왜 집세를 낼 수 있는 돈을 공급해 주시지 않았느냐고 주님께 여쭈었습니다. 그러나 하나님께서는 내 질문에 응답하지 않으셨습니다.

남편은 사역을 위해 여행을 떠나야만 했습니다. 나 혼자 5월 1일의 고민거리를 안고 남아야 했습니다. 집세를 낼 돈의 4분의 1밖에 없었습니다. 나는 무엇을 해야 할지 몰라 고민하다가 은행 계좌에 남아 있던 금액으로 수표를 작성하였습니다. 나는 사과의 말과 함께 집주인에게 보냈습니다. 그리고 가능한 대로 빨리 나머지 금액을 갚겠다고 약속도 했습니다.

그 다음주에 약간의 돈이 생겼습니다. 나는 그 달 집세의 4분의 1을 더 보냈습니다. 물론 또 다시 편지를 썼습니다. 그 다음주에는 동일한 과정을 또 반복했습니다. 마음속으로는 위축이 되었습니다. 이번 일을 통해 주님의 성실하심에 좋은 간증이 되지 못했다고 주님께 말씀드렸습니다. 결국 월말이 되어서야 집세를 다 갚을 수 있었습니다.

그리고 나서 집주인에게서 편지가 왔습니다. 편지를 열면서 두려움이 앞섰습니다. 내게 불평하거나 혹은 우리를 쫓아내겠다는 내용이 들어 있지는 않을까 염려가 되었기 때문입니다. 최악의 경우를 예상했는데 나는 편지를 읽고 충격을 받았습니다. "메이홀 부인, 세상에 당신과 같은 사람이 더 있다면 세상은 더욱 살기 좋게 될 것입니다."

나는 눈물을 흘리지 않으려고 눈을 꼭 감았습니다. 그러나 흐르는 눈물을 막을 도리가 없었습니다. 나는 하나님을 능가할 수 없다는 사실을 다시금 새롭게 알게 되었습니다. 그러나 나는 아직도 여전히, 어떤 상황을 처음부터 만드신 하나님보다도 내가 해결책을 더 잘 알고 있다는 생각에 빠질 때가 있습니다. 하나님께 어떻게 역사하셔야 한다고 요구할 뿐만 아니라 가까이에서, 개인적으로, 그리고 즉시 행해 주시기를 원하기 때문입니다.

　나는 출애굽기에 나오는 이스라엘 백성과 같다는 생각이 들었습니다. 여러분도 그 이야기를 기억할 수 있으리라 생각합니다. 종이었던 이스라엘 백성들을 떠나게 하도록 바로 왕을 움직이기 위하여 하나님께서는 열 차례의 놀라운 기적을 행하셨습니다. 애굽 사람들에게 갖가지 재앙이 닥치게 하신 것입니다.

　그러나 이스라엘은 애굽에 살고 있지 않았습니다. 그들은 고센 땅에 있었기 때문에 모든 재앙에서 피할 수 있었습니다. 그들은 종기도 나지 않았고, 가축들도 죽지 않았으며, 그들의 집에는 파리나 이가 들끓지도 않았습니다. 멀리서 번개가 치고 우박이 내리며 메뚜기 떼가 구름같이 몰려가는 것을 보았을 수도 있겠지만 이런 재앙이 그들에게 하나도 닥치지 않았습니다. 재앙에 가장 가까이 있었던 때는 어린 양의 피를 문설주에 바를 때였습니다. 이때도 죽음의 천사는 그들의 집을 비켜 갔습니다.

　마침내 애굽을 떠나게 되었을 때, 그들은 밤에는 하나님의 불기둥을 따랐고, 낮에는 구름 기둥을 따랐습니다. 그러나 구름과 불은 그들 위에 있었지, 그들과 가까이 있지 않았습니다.

　그러던 어느 날, 그들은 돌이킬 수 없는 곤경에 빠지게 되었습니다. 앞에는 홍해가 펼쳐져 있었고, 뒤에는 애굽 군대의 소리가 귓전에 들려 왔습니다. 그리고 순식간에 그들은 위험한 상황에 직접 처하게 되었습니다! 그들은 무력한 모습으로 서서, 하나님께서 바람을 일으켜 바다 한가운데에 땅이 드러나게 하시는 것을 보게 되었습니다.

당신은 이 장면을 상상할 수 있겠습니까? 백만이 넘는 사람들이 물로 된 높다란 절벽 사이를 걸어갔습니다. 성경에서는 물이 "쌓이고," 큰물이 "엉겼다"라고 표현하고 있습니다(출애굽기 15:8). 어둠 속에서 위를 바라보았지만 그들은 절벽의 꼭대기가 어떤지 제대로 파악할 수 없었습니다. 하나님의 불기둥이 위에서 그들의 길을 밝히고 있었는데도 말입니다. 그들은 멀리 앞을 보려고 했지만 단지 바로 앞에서 걸어가는 사람들의 등만 보일 뿐이었습니다. 그들은 얼마나 더 가야 할지 궁금하였습니다. 물로 된 절벽이 합쳐질 것인가? 만약 그렇게 된다면 어떻게 할 것인가? 애굽 군대의 병사들의 함성 소리와 말발굽 소리가 너무나도 가깝게 들려 왔습니다.

마침내 그들은 홍해를 통과하게 되었습니다. 그들은 마지막 사람이 안전하게 땅에 발을 딛는 것을 보았습니다. 바로 그때가 되어서야 그들은 겨우 마음을 놓을 수 있었습니다. 그렇지만 그때까지도 어렴풋하게 말과 병거가 그들에게 빠른 속도로 다가오고 있는 것을 볼 수 있었습니다. 그들은 두려워하며 숨이 가빠졌습니다. 애굽 군대가 맹렬하게 추격해 오고 있다는 것을 깨달았기 때문이었습니다. 그들이 지나온 홍해의 마른 땅을 그대로 따라오고 있었습니다. 죽음이 임박해 보였습니다.

그러나 바로 그 순간 물로 된 절벽이 양쪽 끝에서부터 귀청이 떨어질 정도의 큰 소리를 내며 마른 땅으로 무너져 내렸습니다. 병사들과 말과 병거들이 그 힘 때문에 공중으로 들려 올라갔다가 그대로 떨어져 그들이 보는 앞에서 물에 잠기게 되었습니다. 이스라엘 백성들은 너무도 큰 충격을 받아 조금도 움직일 수 없었습니다. 그들은 검푸른 바다를 얼빠진 사람처럼 바라보았습니다. 그리고 그 순간 마침내 그들은 하나님께서 진정으로 하나님이심을 믿게 되었습니다. 성경에서는 이렇게 말합니다. "이스라엘이 여호와께서 애굽 사람들에게 베푸신 큰 일을 보았으므로 백성이 여호와를 경외하며 여호와와 그 종 모세를 믿었더라"(출애굽기 14:31).

여러 차례에 걸친 기적적인 재앙도 그들에게 확신을 주지 못했습니다. 불기둥과 구름 기둥에 드러난 하나님의 성실하심도 그들은 신뢰하지 못했습니다. 오직 하나님의 능력을 직접 옆에서 보고서야 그들은 하나님을 경외하며 하나님을 온전히 신뢰하게 되었습니다.

그러나 이것이 바로 가장 중요한 핵심입니다. 이스라엘의 만성적인 질환인 '믿음 없음'에도 불구하고 하나님께서는 성실하게 그들을 인도하셨다는 것입니다. 마찬가지로 하나님께서는 내가 하나님을 온전히 신뢰하지 못하였음에도 불구하고 하나님의 시간 계획표를 따라 우리의 집세를 공급하셨습니다. 성경에서는 우리에게 다음과 같은 확신을 줍니다. "우리는 미쁨이 없을지라도 주는 일향 미쁘시니 자기를 부인하실 수 없으시리라"(디모데후서 2:13). 하나님의 은혜는 나의 선함에 달려 있지 않습니다. 하나님께서 능력을 보이시는 것은 내가 믿느냐, 혹은 믿지 않느냐에 달려 있지 않습니다.

할렐루야! 주님의 성실하심을 찬양합니다!

여호와의 자비와 긍휼이 무궁하시므로
우리가 진멸되지 아니함이니이다.
이것이 아침마다 새로우니
주의 성실이 크도소이다.
예레미야애가 3:22-23

제 16 장

충분하다면 정말 충분하다

하나님의 성실하심

내 얼굴에 놀라는 모습이 나타나지 않기를 바랐습니다. 내 친구가 암 치료를 시작한 후 처음으로 만났는데 내겐 큰 충격이 되었습니다. 제인은 얼굴 전체가 푸석푸석했고, 여윈 몸은 화학 치료와 방사선 치료가 얼마나 심했는지를 보여 주고 있었습니다. 다른 친구들이나 가족들이 어떻게 지내고 있는지 다 나눈 후에 우리는 제인의 암에 대하여 대화를 나누게 되었습니다.

"네 남편과 가족들은 이 모든 것을 어떻게 감당하고 있니?"라고 내가 물었습니다.

제인은 표정을 엄숙하게 하고는 잔잔한 목소리로 확신을 갖고 말을 했습니다. "하나님께서 나를 고쳐 주실 거야."

"남편하고 '만약 …하게 되면'에 대하여 한 번도 대화를 나누지 않았단 말이야?"라고 나는 되물었습니다.

"정말 없어"라고 제인은 대답했습니다.

대화를 나누면서 제인은 자기가 죽을 가능성에 대하여 조금이라도 말하면 이는 하나님의 치유하시는 능력에 대한 믿음이 없다는 것을 드러내는 셈이라 느껴졌다고 말했습니다. 제인과 헤어지면서 나는 둘이 나누었던 대화에 대하여 평안이 없었습니다. 나는 친구의 믿음에 크게 놀랐습니다. 제인은 경건한 여인이었고, 나는 제인을 사랑하였습니다. 그러나 뭔가 알 수 없는 것이 내 마음을 붙잡고 있었습니다.

마침내 나는 왜 마음이 불편한지 깨닫게 되었습니다. 제인은 하나님께서 자기의 믿음에 근거하여 역사하신다고 생각했습니다. 그리고 조금이라도 의심하는 말을 하면 하나님께서는 자기를 치료하지 않으실 것이라고 생각한 것입니다. 제인을 보면서 나는 랜디 알콘의 한 소설에 나오는 주인공이 생각났습니다. "그는 자기의 낙관론이 하나님께 영향을 미칠 만큼 영향력 있기를 바랐습니다."

나는 그 다음 몇 주 동안 그리스도의 기적에 대하여 공부하였습니다. 몇몇 경우에 그리스도께서는 사람들의 믿음 때문에 치료해 주셨습니다. 예를 들어, 백부장의 딸, 길에서 만난 소경, 그리고 귀신 들려 고생하던, 가나안 여인의 딸이 있습니다. 그러나 더 자주 눈에 띠는 것은 그리스도께서 아무도 믿지 않았는데도 기적을 행하신 것입니다. 제자들은 얼마나 많은 사람들을 먹여야 하는지 파악도 못하는 상황이었지만 주님께서는 무리를 먹이셨습니다. 귀신들린 자는 고쳐 달라고 제대로 구하지도 않았지만 고쳐 주셨습니다. 요한복음 9장에 나오는 소경은 날 때부터 소경이었는데, 도움을 청하지 않았지만 주님께서는 그의 시력을 회복하여 주셨습니다. 마리아와 마르다가 울고 있는 상황에서 나사로를 죽음에서 일으키셨습니다. 제자들은 바다 한가운데서 겁에 질려 있다가 바다를 잔잔케 하시는 것을 보고 놀라게 되었습니다. 한 과부를 긍휼히 여기셔서 장례 중이던 죽은 아들을 다시 살려 주셨습니다. 아무도 그렇게 해달라고 구할 생각조차 못하고 있었는데도 말입니다. '물이 동하기를' 기대하며 베데스다 연못에 앉아 있던 병자를 고쳐 주셨습니다. 그 병자는 '동한 물' 대신에 '마음이 동한' 주님으로 말미암아 고침을 받았습니다.

   그리스도의 기적을 공부하며 나는 단순하면서도 위로가 되는 진리를 깨달을 수 있었습니다. 우리의 믿음이 크기 때문에 기적이 일어나는 것은 아니라는 것입니다. 기적은 크신 하나님 때문에 일어납니다. 그리고 하나님께서는 언제나 고쳐 주십니다.

   그러나 우리가 구하거나 우리가 보기에 가장 좋다고 생각되는 방식으로 고쳐 주시지는 않을 때가 있습니다. 누군가 말하기를 하나님께서는 다섯 가지 각기 다른 방법으로 고쳐 주신다고 했습니다. (1) 즉시(우리는 이것을 좋아하지 않습니까?), (2) 하나님께서 의사에게 지혜를 주심으로(누가도 의사였다는 사실을 잊지 마십시오), (3) 오랜 기간에 걸쳐 천천히, (4) 감정적으로(그리하여 우리가 육체적인 질병을 이겨내도록), 혹은 (5) 완전히(하늘나라에서). 어떻게 치료하시느냐는 하나님께서 선택하실 내용입니다. 그러나 한 가지는 분명합니다. 하나님의 치료는 우리의 믿음에 달려 있는 게 아니라는 것입니다.

   우리가 충분한 믿음이 있어야만 우리를 고쳐 주신다고 말하는 그리스도인들도 있습니다. 그들은 야고보서 5:15을 그 근거로 제시합니다. "믿음의 기도는 병든 자를 구원하리니 주께서 저를 일으키시리라." 물론 나는 신학자는 아닙니다. 그렇지만 이 구절은 하나님께서 선물로 주시는 믿음에 대하여 이야기하고 있다고 생각합니다. 그리고 하나님께서 늘 이런 선물을 주시는 것은 아닙니다. 에베소서 2:8-9을 근거로 이렇게 생각합니다. 이 구절은 우리가 믿음으로 구원을 받았는데, "이것이 너희에게서 난 것이 아니요 하나님의 선물이라"고 말합니다. 나는 '믿음의 기도'도 역시 하나님의 선물이라고 생각합니다. 그러나 비록 야고보서 5장의 이 구절에 대하여 나의 이해가 틀렸다 할지라도(당신은 이 구절에 대하여 스스로 공부해 보고 싶을 것입니다), 나는 하나님께서는 여러 가지 방법으로 우리를 치료하시며 언제나 하나님의 때에 하신다는 것을 믿습니다.

하나님께서는 제인을 치료하여 주셨습니다. 의사는 두 달밖에 살 수 없을 것이라고 말했지만 제인은 비교적 건강하게 2년을 더 살았습니다. 그리고 난 후에 하나님께서는 제인을 본향으로 데려가 완전히 치료해 주셨습니다.

우리가 더 많이 믿고, 더 많이 기도하며, 더 많이 섬기면, 하나님께서 우리를 더욱 사랑하실 것이라 생각하는 경향이 있습니다. 그러나 이것은 사실이 아닙니다. 하나님께서는 우리를 온전히 사랑하십니다. 바로 우리를 있는 그대로 사랑하십니다. 그리스도께서 우리를 위하여 행하신 일로 우리는 율법이 요구하는 모든 것을 완전하게 갖추었습니다(로마서 8:4). 그리고 아무것도, 그 어떤 존재나 그 어떤 사람도 우리를 그 사랑에서 떼어 낼 수 없습니다. 우리의 의심이나 두려움조차도 말입니다.

믿기 어려우십니까? 이 말씀을 들어보십시오.

> 누가 우리를 그리스도의 사랑에서 끊으리요? 환난이나 곤고나 핍박이나 기근이나 적신이나 위험이나 칼이랴. 기록된바 "우리가 종일 주를 위하여 죽임을 당케 되며 도살할 양같이 여김을 받았나이다" 함과 같으니라. 그러나 이 모든 일에 우리를 사랑하시는 이로 말미암아 우리가 넉넉히 이기느니라. 내가 확신하노니, 사망이나 생명이나 천사들이나 권세자들이나 현재 일이나 장래 일이나 능력이나 높음이나 깊음이나 다른 아무 피조물이라도 우리를 우리 주 그리스도 예수 안에 있는 하나님의 사랑에서 끊을 수 없으리라. (로마서 8:35-39)

다른 말로 하면 환난, 어려움, 핍박, 배고픔, 추위는 하나님께서 우리를 사랑하시지 않는다는 표시가 아닙니다. 또한 매일의 두려움이나 내일에 대한 염려가 하나님의 사랑을 끊을 수 없습니다. 하나님의 사랑은 우리에게 달린 것이 아닙니다. 하나님의 끊을 수 없는 사랑을 받기 위해 내가 해야 하는 오직 한 가지 '선행'은 바로 예수 그리스도를 나의 구세주로 모셔들이는 것입니다. 사람들이 그리스도께 이렇게 물었습니다. "우리가 어떻게 하여야 하나님의 일을 하오리이까?" 예수님께서는 이렇게 대답하셨습니다. "하나님의 보내신 자를 믿는 것이 하나님의 일이니라"(요한복음 6:28-29).

바로 이것입니다.

믿음이란 하나님을 기쁘시게 하는 것이며, 하나님께서는 나의 믿음을 키워 주시기 원하신다는 것을 깨달았습니다. 나 역시 믿음이 성장하기 원합니다. 여러분도 마찬가지겠지요? 그러나 당신이 '충분히' 믿지 않았기 때문에 하나님께서 당신의 기도에 응답하시지 않았다고 하는 다른 사람들의 말에 귀를 기울이지 마십시오. 하나님은 하나님이십니다. 그리고 하나님께서는 스스로 원하시는 것을 행하십니다.

이것이 바로 하나님께서 말씀하신 것입니다. 그리고 이것이 하나님의 의도입니다.

여호와의 말씀은 정직하며
그 행사는 다 진실하시도다.
시편 33:4

다시금 기억하기 위하여...

하나님의 성실하심

오늘 아침 책상에 앉아 창 밖을 보니, 한 떼의 새들이 콜로라도의 푸른 하늘을 날고 있었습니다. 수백 마리의 새들이 저마다의 방식으로 날고 있었습니다. 마치 가느다란 연기가 바람에 날리는 듯했습니다. 아무런 방향도 없어 보였기 때문에 새 떼가 어디에 앉을 것인지 유심히 지켜보았습니다. 이리저리 나는 새 떼를 아마도 5분 정도는 지켜보았을 것입니다. 그러다가 새 떼의 반 정도가 떨어져 나가고, 다음에는 십여 마리로 줄더니 결국에 새 떼는 흩어져서 각기 자기 나름대로의 길을 가게 되었습니다.

지난주에 나는 한 떼의 기러기가 남쪽으로 날아가는 것을 보았습니다. 문자 그대로 V자를 그리며 날았습니다. 뭔가 차이가 있지 않습니까? 목표입니다. 기러기 떼는 목표가 있었고, 방향이 있었으며, 훈련이 되어 있었습니다. 지금 우리의 목표는 우리 각자를 향한 하나님의 성실하심이라는 주제를 탐구하는 것입니다.

1. 다음 구절에 하나님의 성실하심이 어떻게 묘사되거나 드러나고 있습니까?
   신명기 7:8-9

   여호수아 23:14

   시편 18:30

   시편 119:90

   고린도전서 1:9

   고린도전서 10:13

   데살로니가전서 5:23-24

   디모데후서 2:13

   히브리서 10:22-23

   베드로전서 4:19

요한일서 1:9

다니엘 9:4

2. 시편 40:10과 시편 89:1에 의하면, 하나님의 성실하심에 대한 우리의 반응은 어떠해야 합니까?

3. 고린도전서 1:9을 암송하십시오.

4. 하나님의 성실하심은 다양하게 드러나고 있습니다. 이 가운데 당신이 감사하는 두 가지를 적어 보십시오. 왜 감사하게 되었습니까?

5. 하나님의 성실하심을 믿는 데에 어려움을 느끼는 영역은 무엇입니까? 왜 그렇습니까?

6. 당신이 어려움을 느끼는 영역 하나를 선택하여 당신을 위한 기도 목록의 맨 첫머리에 기록하십시오. 그리고 그 영

역에 대하여 하나님을 더욱 신뢰할 수 있도록 해달라고 기도하십시오. 이와 연관한 당신의 염려를 경건한 친구에게 나누고 의견을 구하십시오. 그리고 이에 대한 당신의 적용을 점검해 달라고 부탁하십시오.

제 17 장

거룩한 땅

하나님의 거룩하심

엘리베이터 문이 열렸습니다. 예루살렘에 있는 고층 호텔 로비였습니다. 남편과 나는 안으로 들어서다가 갑자기 멈추었습니다. 전통적인 유대 복장을 한 여인이 엘리베이터 구석에 서 있었는데, 눈을 크게 뜨고는 손을 저으며 "가까이 오지 마시오"라는 몸짓을 했습니다. 그 여인은 황급히 외쳤습니다. "안식일! 안식일! 안식일!!"

우리도 황급히 뒤로 물러났습니다. 두려움에 가득 찬 그 여인의 눈에서 우리는 그 여인이 우리가 그 엘리베이터에 타는 것을 두려워한다는 것만 알 수 있었습니다. 문이 닫히자, 우리는 엘리베이터 오른쪽에 기록되어 있는 문구를 볼 수 있었습니다. "안식일 엘리베이터." 조그만 글씨로, 그 엘리베이터는 곧장 21층으로 올라가며, 아래층으로 내려올 때는 자동적으로 홀수 층에서 멈춘다는 설명이 기록되어 있었습니다. 나중에 우리는 정통적인 유대인들은 유대인의 거룩한 날인 안식일에 엘리베이터 버튼을 누르는 것은 일이라고 여기며, 따라서 죄 짓는 것으로 생각하고 있음을 알게 되었습니다. 우리는 엘리베이터에서 만난 그 여인이 이방인을 두 사람이나 태웠기 때문에 부정하게 되었다고 느낄지 모른다는 생각을 하게 되었습니다.

그 다음날 우리는 검은 모자와 코트 차림에 수염을 기른 남자들이 서쪽 성벽(통곡의 벽)에 서 있는 것을 보게 되었습니다. 그들 앞에는 기도 책이 펼쳐져 있었으며, 길다란 기도를 하는 동안에 연신 몸을 굽혔습니다. 나는 그 사람들이 예수 그리스도 안에서 그리스도인들이 누리는 자유를 즐기기 원했지만, 한편으로는 꼭 필요하다고 믿는 전통을 지키기 위해 열정적으로 임하는 그들의 태도가 놀랍다는 생각을 하였습니다. 그런 전통을 유지하는 정통 유대인에게는 절대적으로 거룩한 하나님을 경외하고 두려워하는 마음이 있기 때문입니다.

하나님의 거룩하심에 대하여 잠깐 생각해 봅시다. 모세는 불타는 떨기나무에 가까이 갔을 때 신을 벗으라는 명령을 받았습니다. 그가 선 곳은 거룩한 땅이었기 때문입니다(출애굽기 3:5). (최근에 나는 거룩하신 하나님께 기도할 때 신을 벗지 않았습니다. 당신은 어떻습니까?) 거룩한 산에 가까이하는 자는 사람이든 동물이든, 고의로든 우연이든, 즉시 죽임을 당했습니다(출애굽기 19:12). 법궤를 옮길 때는 사람들이 만지지 못하게 채를 고리에 꿰어 메야 했습니다. 법궤를 만진 사람은 즉시로 죽임을 당했습니다(사무엘하 6:6). 70명이 죽은 일이 있었는데, 감히 법궤 안을 들여다보았기 때문입니다(사무엘상

6:19 참조).

어느 날 아침, 나는 성막에서 섬기는 제사장의 자격 요건에 대하여 읽게 되었습니다. 제사장은 남자여야 했습니다(아쉽게도 여자들은 제외되었습니다!). 그들은 정결하게 하는 의식을 거쳐야 했습니다. 그들은 레위 족속 가운데 아론의 자손이어야 했습니다. 나이도 30세에서 50세 사이여야 합니다. 그리고 그들의 몸에는 조금도 흠이 없어야 했습니다. 이 자격 요건에는 다른 여지가 전혀 없었습니다. (레위기 21장과 민수기 4:35을 참조하십시오.)

이런 자격 요건을 생각하면서 나는 한 가지도 갖추지 못하고 있다는 것을 깨달았습니다. 나는 여자이고, 독일 계통의 이방인이며, 50세가 넘었습니다. 정결하게 하는 의식을 거치지도 않았고, 그 당시에는 감기 때문에 입술이 터 있었습니다. 그럼에도 불구하고 거룩하신 하나님께서는 내가 하나님과 대화하는 것을 환영하십니다.

어떻게? 어떻게 내가 그런 하나님 앞에 담대히 나아갈 수 있겠습니까?

그때 하나님께서는 내게 부드럽게 말씀하셨습니다. "나는 네가 상상할 수 있는 것보다 훨씬 더 거룩하다. 그러나 나는 또한 네 아버지가 된다. 과거에는 네가 지성소에 들어올 수 없었지만, 이제는 내게 담대하게 나아올 수 있다. 내가 너를 내 딸로 선택했기 때문이다. 나는 내 아들을 보내어 너를 정결케 했다. 그래서 이제 너는 아버지인 내게 친밀하게 말할 수 있게 되었다."

에베소서 3:12은 이렇게 기록합니다. "우리가 그 안에서 그를 믿음으로 말미암아 담대함과 하나님께 당당히 나아감을 얻느니라." 나는 안식일 엘리베이터에서는 환영을 받지 못하지만 하나님의 자녀로서 하나님 앞에서는 환영을 받습니다.

그러나 하나님께서 나를 있는 그대로 환영하신다면, 왜 하나님께서는 자신이 거룩하니 우리도 거룩하라고 말씀하십니까?

한 가지 이유는 하나님의 거룩하심은 우리에게 변함이 없는 기준을 정해 준다는 것입니다. 이 기준을 통해 내 개인의 삶과 행동을 점검해 볼 수 있으며, 내게는 이런 기준이 필요합니다. 하나님께서는 "상황 윤리"를 인정하지 않으십니다. 즉 어떤 경우에는 옳지만, 똑같은 행동이 어떤 경우에는 틀릴 수 있다는 것은 인정하지 않으신다는 말입니다. 하나님께는 죄는 죄인 것입니다. 그리고 열심히 지속적으로 하나님의 거룩하심을 바라보지 않는다면 내 자신의 죄에 대하여 둔감하게 될 뿐입니다.

한 가지 예를 들어 보도록 하겠습니다. 내 친구들 가운데 여러 사람이 "타이타닉"이라는 영화를 여러 차례 보았다고 했습니다. 남편과 나는 사람들이 여러 차례 볼 정도의 영화라면 절대 놓칠 수 없다고 생각했습니다. 그래서 우리는 어느 오후 시간을 택하여 4달러를 지불하고 210분짜리 영화를 보기로 했습니다.

그러나 나는 마음이 편하지 않았습니다. 13세 이상이 볼 수 있다는 이 영화는 의외로 사람들의 죽음을 혐오스런 모습으로 그렸으며, 맨 몸이 그대로 드러나는 장면도 있었습니다. 줄거리가 되는 러브 스토리는 관객들로 하여금 두 사람의 사랑이

성 관계를 가지는 것에서 절정을 이루기를 바라는 마음을 갖게 유혹하였습니다. 그리고 영화는 이런 관객들의 마음에 부응하였습니다.

처음에는 내 자신을 이렇게 달랬습니다. "캐롤, 이건 그렇게 나쁘지 않아. 직접적인 성 관계 장면은 실제로 없었잖아."

사실이었습니다. 그러나….

나는 언론 매체에 의해 우리가 세뇌를 당하고 있다고 믿습니다. 이전에 우리가 싫어하던 것들이 실제로는… 그렇게 나쁘지 않은 것이라고 생각하도록 이끌어 가는 것입니다. 너무도 피곤하여 다른 것을 할 힘이 없을 때 우리는 '오락'을 위하여 책이나 연극, 혹은 영화, 아니면 텔레비전 드라마를 보게 됩니다. 그런데 이런 부류의 내용은 실제 생활에서 보았다면 몸서리를 칠 만한 것들입니다. 그리고 평소에 우리는 그런 내용은 잘 생각하지도 않습니다.

그러나 나는 죄에 대하여 둔감하게 되고 싶지 않습니다. 둔감하게 되지 않으려면 늘 하나님께서 거룩하시다는 것을 기억해야만 합니다. 하나님께서는 하나님의 거룩하심을 본받아 거룩하라고 말씀하셨습니다. 하나님의 거룩하심을 생각할 때 내 성품에 변화가 필요함을 깨닫게 됩니다

장차 나는 나의 죄 된 몸에서 벗어나 예수님처럼 완전하게 될 것입니다. 그러나 나는 이 세상에서도 소망이 있습니다. 하나님께서는 내가 더욱 그리스도를 닮아 가도록 변화시키실 능력도 있으시고 또한 원하고 계시기 때문입니다.

주님, 내가 이것을 계속 기억하게 하소서.

여호와께서 그 백성에게 구속을 베푸시며
그 언약을 영원히 세우셨으니
그 이름이 거룩하고 지존하시도다.
시편 111:9

제 18 장

건전한 두려움

하나님의 거룩하심

아프리카 초원이었습니다. 우리가 있는 곳에서 7m밖에 떨어지지 않은 곳에 마치 커다란 고양이처럼 보이는 수사자 다섯 마리가 한가롭게 여유를 즐기고 있었습니다. 가끔씩 그중 한 마리가 기지개를 켜고 하품을 하며 졸린 눈을 뜨고서는 지붕이 없는 랜드 로버 승용차에 타고 있는 우리 열 명의 관람객을 바라다보고는 다시 자리에 누웠습니다.

"칩슨, 저 사자들은 길이 잘 든 것 같아요"라고 나는 함께한 직원에게 말했습니다. "랜드 로버에서 내려 다가가면 어떤 일이 일어나겠습니까?"

그는 웃지 않았습니다. "저 사자들은 랜드 로버에 길들여져 있습니다"라고 대답했습니다. "만약 당신이 일어서기라도 한다면 사자들은 위협을 느끼게 됩니다. 차에서 내리면 당신은 일 분도 안 되어 목숨을 잃게 됩니다."

더 이상의 말이 필요 없었습니다. 나는 일어서지도, 차에서 내리지도 않았습니다!

남편과 나는 평생 꿈꾸어 왔던 남아프리카 여행을 즐기고 있었습니다. 크루거 국립공원 바로 바깥에 있는 사파리 별장에서 3일 동안 즐거운 시간을 가졌습니다. 매일 아침 5시 15분에 보호원이 우리 방문을 두드려 아침 일찍 갖는 드라이브에 낄 수 있도록 해주었습니다. 20분 동안 옷을 차려 입으면 또 다른 노크 소리가 들렸습니다. 무장한 보호원의 경호를 받으면서 우리가 기거하던 돌로 된 오두막에서 멀리 떨어진 별장으로 이동했습니다. 별장에서 커피를 마신 후에 두세 시간 동안 드라이브를 즐겼습니다. 캠프 주위를 자유롭게 거닐고 있는 야생 동물들로부터 우리를 지켜 줄 울타리가 없었기 때문에 보호원은 꼭 필요했습니다. (그래야 코끼리가 다가와도 괜찮겠지요?) 날이 어두워진 후에 동행하는 보호원이 없이 나가는 것은 금지되었습니다. 아침 일찍 갖는 드라이브 이전이나 저녁 드라이브 이후에도 마찬가지였습니다. 이것은 우리의 유익과 보호를 위해 만들어진 규칙이었고, 우리는 이에 순종했습니다.

내가 갇혔다는 느낌을 조금이라도 받았겠습니까? 제한당하고 있다는 느낌은? 절대로 그렇지 않았습니다. 나는 사자에게 공격을 당하거나 코끼리에게 밟히거나 혹은 물소에게 받히고 싶지 않습니다. 얼마나 감사한지 모릅니다.

부모들은 자녀들의 유익과 보호를 위해 규칙을 만들어 놓습니다. "혼자서 길을 건너지 말라"고 우리는 말합니다. "낯선 사람의 차를 타지 말라." "청소용 세제를 마시지 말라." 물론 우리 자녀들은 우리를 사랑하기 때문에 규칙들을 따릅니다. 그러나 내 생각으로는 그렇게 하지 않을 때 생길 결과가 더 두렵기 때문에 규칙을 따른다고 여겨집니다. 우리가 정한 규칙은 그들의 행복을 위해서 꼭 필요한 것이기 때문에 우리는 사랑 가운데서 자녀들에게 규칙을 지키라고 압력을 줍니다.

하나님께서는 단지 계명을 만드는 것이 즐겁기 때문에 계명을 만드시지 않습니다. 우리들 가운데는 아직도 하나님의 계명에 의해 제한당하고 있다는 생각을 하는 사람이 있습니다. 그렇지만 대개는 하나님을 두려워하기 때문에 하나님께서 주신 계명을 지키게 됩니다.

하나님께서는 오래 전부터 이 교훈을 가르쳐 주시기 시작했습니다. 남편이 캘리포니아 롱비치에 있는 군인 선교 센터를 인도하는 책임을 맡게 되어 우리는 이사를 했습니다. 제자 훈련을 받는 다른 여섯 사람과 함께 커다란 집에서 생활하게 되었습니다. 이는 감당하기 힘든 책임이었고, 나는 이를 잘 알고 있었습니다. 이사를 한 지 약 두 달 뒤에 남편을 도와주던 영적 지도자는 3주 동안으로 예정된 중서부 지방 여행에 남편이 동행할 것을 권했습니다. 결혼 생활 7년째였지만, 이틀 이상을 떨어져 지내는 것은 그때가 처음이었기 때문에 나는 두려움이 앞섰습니다. 그렇지만 친척들이 딸아이 린과 나를 위한 크리스마스 선물로 미리 얼마간의 돈을 보내 왔습니다. 미시간에 있는 친척들을 방문할 기차 삯에 해당하는 돈이었습니다. 여행을 떠나기에 좋은 시기라고 생각되었습니다.

남편은 떠나기 한 주 전쯤 이런 말을 했습니다. "여보, 봄은 당신과 내가 동시에 집을 비우는 것이 좋지 않다고 생각하고 있소. 당신은 이곳에 머물러서 여러 사정을 돌보는 것이 필요하다고 했소."

"그렇지만 저는 그렇게 하기에는 힘이 부족해요"라고 항변하였습니다. "게다가 봅은 당신의 윗사람이지, 제게 뭘 하라고 명령할 수 있는 분은 아니라고 생각해요."

"여보, 나는 봅이 옳다고 생각하오. 나는 지금 당신이 이 집에 머물기를 요구하고 있는 것이오."

"그렇다면, 참 안됐군요"라고 나는 대꾸를 했습니다. "나는 이곳에 머물러 있고 싶지 않아요. 당신이 여러 지역을 돌아다니는 동안에 나만 혼자 남아서 잘 하지도 못하는 일을 하고 싶지는 않아요. 게다가 지금은 고향에 가서 부모님을 만나기 좋은 때잖아요."

남편은 아무 말 없이 그냥 나를 바라보았습니다. 마치 "한 번 더 생각해 보라"는 표정이었습니다. 나는 다음주 고향 여행은 가망이 없음을 알게 되었습니다.

그 당시에 내가 부모님을 방문하지 않은 이유가 무엇인지 아십니까? 봅을 기쁘게 하고 싶어서가 아니었습니다. 또한 그 당시에는 남편을 기쁘게 하고 싶은 마음도 없었습니다.

나는 두려웠습니다! 하나님께 불순종할 때 생길 결과를 두려워했던 것입니다. 하나님께서는 에베소서 5:21에서 "그리스도를 경외함으로 피차 복종하라"고 말씀하셨기 때문입니다. 사실 나의 태도는 좋지 않았습니다. 그러나 며칠 뒤에 하나님과 긴 대화를 나눈 후에 나는 이렇게 말했습니다. "좋습니다, 주님. 제 원대로 마시고 주님의 뜻대로 하옵소서."

그때 하나님께서는 몇 가지 깊이 있는 교훈을 내게 가르쳐 주셨습니다. 남편이 없을 동안엔 하나님께서 실제로 나의 친구가 되어 주신다는 것을 배웠습니다. 내가 어떻게 할지 모르는 일을 할 때 지혜를 더하여 주시며, 외로움을 느끼고 있을 때에는 즐거움도 주시는 분임을 배우게 되었습니다. 또한 조금씩이지만 하나님을 두려워하는 것이 건전하다는 것도 발견하게 되었습니다.

"강한 유혹을 받아서 죄를 지으려고 할 때, 죄에 빠지지 않도록 막아 주는 것이 무엇입니까?"라는 질문을 다른 사람에게 해본 적이 있습니까? 그런 질문을 던졌을 때 사람들은 다양한 대답을 했습니다. "그렇게 되면 내 경력에 치명상을 입게 되니까요"라고 말한 사람도 있고, "교회에 덕이 되지 않으니까요" 혹은 "내 평판에 흠이 가니까요"라고 대답한 사람도 있었습니다. 비록 이런 이유들이 틀린 것은 아니지만 정말 강렬한 유혹을 받을 때 이를 막아 줄 충분한 이유는 못 될 것입니다. 어떤 경우에 유혹은, 그로 말미암아 당하게 될 결과보다 훨씬 더 매력적이고 좋아 보입니다. 그리고 강렬한 유혹을 받으면 그 유혹에 빠지게 될 것입니다. 유혹에 빠질 수밖에 없는 상황에서 우리가 죄에 빠지지 않도록 지켜 주는 유일한 것은 바로 거룩하신 하나님께 대한 두려움뿐입니다(창세기 39:9 참조).

한 자매가 생각납니다. "지금 남편과 사이가 좋지 않아요"라고 내게 말을 시작했습니다. 그리고는 중간 중간에 어색한 침묵이 여러 차례 흘렀습니다. 사업상의 일로 남편과 잠시 떨어져 지내게 되었는데, 마음에 생기는 고독감, 외로움, 그리고 무력감에 휩싸이게 되었고, 거의 물리칠 수 없는 유혹을 받게 되었습니다. 한 남자를 알게 되었는데 자기를 잘 보살펴 주며 가까이 다가왔던 것입니다. 그러다가 유혹에 거의 굴복할 수밖에 없는 상황까지 이르게 되었습니다.

"그런데 왜 굴복하지 않았지요?"라고 물었습니다.

내 질문에 대한 대답은 놀라웠습니다. "내 삶에 주실 하나님의 축복을 잃을까 두려웠어요."

거룩하신 하나님의 성품으로 말미암아 유혹에 굴복하지 않았던 것입니다. 나는 마음속으로 주님께 말씀드렸습니다. "주님, 감사합니다. 두려움을 주신 것을 감사합니다."

불순종에 대한 하나님의 반응을 두려워하는 것은 올바릅니다. 성경에서는 그 결과들을 잘 보여 주고 있습니다. 요나가 하나님께 불순종했을 때 결국 무서운 폭풍을 만났습니다. 바다에 던져졌고, 큰 물고기에게 삼켰습니다. 모세가 하나님께 불순종했을 때, 여러 해 동안 기다리며 들어가려 했던 약속의 땅에 들어갈 수 없었습니다.

때때로 우리는 이런 생각을 합니다. "그건 율법 아래 살던 구약 시대에 일어난 일이잖아. 오늘날 우리는 은혜 아래 살고 있기 때문에 하나님께서는 그런 식으로 행치 않으실 거야." 그러나 성경에서는 이렇게 선언합니다. "예수 그리스도는 어제나 오늘이나 영원토록 동일하시니라"(히브리서 13:8). 하나님께서는 그리스도께서 우리를 위해 죽게 하심으로 사랑을 확증하셨고, 우리를 의롭고 정결하게 하셔서 하나님의 은혜로 하나님의 자녀가 되게 하셨지만 하나님의 거룩하신 성품은 변하지 않습니다.

물론 하나님께서는 용서하십니다. 우리가 돌이킬 때 하나님께서는 용서하시며 우리의 죄를 씻어 주십니다. 그러나 때로 우리는 자신의 불순종 때문에 생긴 결과에 대하여 대가를 치러야 합니다. 하나님께서 허락하지 않으시는 것을 알면서도 믿지 않는 사람과 결혼한 여자가 있다면, 하나님의 용서는 받을 수 있지만 자기의 불순종의 결과를 안고 평생 살아야 합니다. 만약 우리가 우리 몸을 소홀하게 대하면 하나님께서는 우리를 용서해 주시지만 우리는 그 결과로 건강이 좋지 않은 가운데서 살아야 합니다.

외조모께서는 내가 성장할 때 우리와 함께 사셨습니다. 내가 불순종할 때면 할머니께서는 손가락으로 나를 가리키시면서 성경 구절 하나를 인용하셨습니다. "사람이 무엇으로 심든지 그대로 거두리라"(갈라디아서 6:7). 나는 그 구절을 얼마나 싫어했는지 모릅니다! 그러나 이제는 그것이 진리임을 알게 되었습니다. 하나님께 불순종할 때, 우리는 여러 가지 결과를 거두게 됩니다. 한 가지 분명한 것은 하나님과 거리가 멀어진다는 것입니다. 우리는 평강, 기쁨, 그리고 만족을 잃을 뿐만 아니라 주님께서 우리에게 퍼부어 주시기 원하시는 즐거운 것들도 스스로 끊어 버리게 됩니다.

하나님을 두려워하는 것은 순종의 중요한 동기가 됩니다. 특히 간음, 도적질, 거짓말, 혹은 신앙을 부인하는 것과 같은 커다란 문제에 있어서는 더욱 그러합니다. 때로 경건하고 건전한 두려움이 우리를 죄짓지 않도록 막아 주는 유일한 것이 될 수 있습니다. 이러한 두려움은 하나님과 함께하기를 무서워하며 공포감에 떠는 것이 아닙니다. 하나님의 거룩하신 성품을 인하여 하나님을 경외하는 것을 말합니다. 하나님을 두려워하는 것은, 하나님께서 사랑과 긍휼이 풍성하시지만 또한 완전히 의로우시며 공평하시다는 사실을 아는 것입니다. 우리가 불순종을 심으면 결국 불순종의 열매를 거둔다는 것은 분명히 알아야 합니다.

나는 랜드 로버 승용차에서 나와 사자의 밥이 되고 싶지 않습니다. 그리고 또한 하늘에 계신 아버지 하나님께 불순종하여 내 삶을 엉망으로 만들고 싶지 않습니다.

당신도 그렇습니까?

> 여호와를 경외하는 것이
> 지식의 근본이어늘.
> 잠언 1:7

다시금 기억하기 위하여…

하나님의 거룩하심

한신학 강의 시간에 하워드 헨드릭스는 "고층 빌딩을 지을 수 있는 기초 위에 닭장을 짓는 것은 어리석다"라고 말했습니다. 그러나 우리가 이렇게 할 때가 종종 있습니다! 우리의 기초는 예수 그리스도이십니다. "이 닦아 둔 것 외에 능히 다른 터를 닦아 둘 자가 없으니, 이 터는 곧 예수 그리스도라"(고린도전서 3:11). 그런데 성령의 능력을 통하여 주님께서 우리의 삶에 고층 건물을 지으실 수 있도록 하기보다는 우리는 종종 닭장을 짓곤 합니다. 거룩한 삶이라는 고상한 건축물 대신에 우리는 나무나 풀이나 짚으로 볼품없는 집을 지을 때가 있습니다.

하나님께서는 우리에게 "내가 거룩하니 너희도 거룩할지어다"라고 말씀하셨습니다. 이는 우리 모두가 평생 동안 지어야 할 건물입니다. 하나님을 올바로 두려워하고 경외하는 법을 배우는 것부터 시작하는 것이 좋을 것입니다. 우리의 질문은 이제 "그러면 어떻게?"라는 것이 됩니다. 이에 대한 답을 얻기 위하여 두 가지 주제별 성경공부를 하기로 하겠습니다. (이 주제를 탐구하기 위하여 적어도 두 주 정도 들이십시오.)

첫 주: 부록에 나온 개요를 따라 하나님의 거룩하심에 대한 주제별 성경공부를 하십시오.

둘째 주: 하나님께 순종하며 더욱 거룩해져야 하는 중요한 이유 가운데 하나, 즉 불순종할 때 생길 결과에 대한 두려움에 초점을 맞추십시오. 이를 위해 아래와 같이 해보십시오.

1. 당신 자신의 말로 하나님을 두려워한다는 것의 의미를 정의해 보십시오(성경 사전이 있으면 도움이 될 것입니다).

2. 성구 사전을 사용하여 하나님에 대한 두려움이 나와 있는 구절 25개를 찾아보십시오. 다음 질문과 연관하여 그 구절들을 나열하여 보십시오.

   가. 하나님을 두려워하지 않을 때의 결과는 무엇입니까?

   나. 누가 하나님을 두려워해야 합니까?

   다. 우리는 왜 하나님을 두려워해야 합니까?

   라. 언제 하나님을 두려워해야 합니까?

마. 하나님을 두려워하는 것은 어떻게 드러납니까?

바. 이를 통해 자신에게 적용할 수 있는 것은 무엇입니까?

(주: 이 '누가, 무엇을, 어디서, 왜, 언제, 어떻게' 질문은 거의 모든 주제별 성경공부에 사용할 수 있습니다.)

3. 한 달 동안, 다음 기도를 당신의 기도 목록의 맨 윗머리에 놓으십시오. "주님, 제게 주님을 열망하는 마음을 주옵소서. 주님의 말씀에 대한 갈망과 주님을 경외하고 존귀히 여기는 마음이 커가게 하옵소서."

4. 몇 분 동안 시간을 내어, 당신이 가장 자주 유혹을 받는 근원에 대하여 생각해 보고 기도로 하나님께 아뢰십시오. 이것을 기록하고, 이를 다룰 수 있는 지혜를 하나님께 구하십시오. 다음번에 이 유혹이 올 때, 당신이 무엇을 할지에 대한 계획을 기록해 보십시오.

제 2 부

내가 더욱 주님을 닮아 가고 있나요?

존귀하신 아버지 하나님,
내가 비틀거리고, 실패하고, 넘어지고,
주님을 자랑하지 않고,
내 삶에 역사하시는 주님의 방법에
불평을 늘어놓을 때,
주님께서는 그때 나와 함께하셨습니다.
주님께서는 늘 나와 함께하시며
이해하고, 사랑하고, 관심을 보이고,
경청하고, 늘 깨어 지내셨습니다.
주님께서는 내가 그저 그런 수준으로
생을 마치는 것을 원하지 않음을
늘 내게 보여 주셨습니다.
나는 훨씬 더 잘 마치기를 원합니다.
이것은 바로
기도에 더욱 많은 시간을 들이고
주님의 말씀에 더욱 많은 시간을 들이며
묵상에 더욱 많은 시간을 들이는 것을 의미합니다.
내가 뒤로 물러서거나 그저 그런
혼란스런 상태에 머물지 않게 하소서.

오 하나님,
나로 앞으로 나아가게 하소서.
내가 게으르거나
자기 만족에 빠지지 않게 하소서.
대신에 해를 거듭할수록
영적으로 더욱 열심을 품게 하소서.
주님, 더욱 주님을 닮기 원합니다…
더욱 주님을 닮아 가게 하소서.

제 19 장

주님, 내게 인내를 주소서... 지금 즉시!

평 강

멋진 날에 계산대에 서서 기다리는 것은 내가 제일 싫어하는 것 중의 하나입니다. 그러나 추수감사절 바로 전날 월요일은 멋진 날도 아니었습니다. 사실, 나는 심술이 나 있었습니다. 마치 고슴도치에 난 가시처럼 모든 일에서 나의 좋지 못한 태도가 드러났습니다.

나는 잠깐 얼굴이 밝아졌습니다. 스피커를 통해 "계산원을 충원하시오"라는 소리가 들렸기 때문입니다. 앞에 연세가 들어 보이는 분이 서 계셨는데, 말을 건넸습니다. "아마 조금 빨라지겠지요. 어느 쪽 계산대를 열 것 같으세요?"

"3번 계산대일 것 같아요. 하지만 잘 모르겠어요." 그리고는 내게 되물었습니다. "바쁜가요?"라고 말하면서 자기 앞으로 가라는 손짓을 했습니다.

창피하다고 생각되어 나는 고개를 흔들었습니다. 그리고는 한숨을 지으며 대답했습니다. "특별히 바쁜 건 아니에요."

그러자 부인은 이렇게 말했습니다. "조금이라도 움직이는 줄에 서 있다는 게 감사할 따름입니다. 러시아에서는 줄을 길게 늘어서고도 하나도 구입하지 못하는 경우가 종종 있다는 말을 들었습니다."

나도 동의했습니다. "진열대에 내가 원하는 모든 것이 있다는 것뿐만 아니라 필요한 것을 살 돈이 있다는 것에 대해서도 감사해야 한다고 생각합니다."

그 부인은 온화한 미소를 지으며 내 말에 반응을 보였습니다. "맞아요. 그렇지만 나는 지금 바쁘지 않으니까 내 앞으로 가는 게 어때요? 이전에 이런 결심을 한 적이 있습니다. 인생 내내 줄을 서서 기다려야 한다면 차라리 즐기겠다고 마음을 먹은 것입니다." 그리고 부인은 지금 바로 그 말대로 행하고 있었습니다!

또 다른 계산대가 열리고 나는 좀더 줄이 짧은 곳으로 옮겨 갔습니다. 함께 있던 부인은 내게 손을 흔들며 "함께 대화할 수 있어서 좋았습니다. 계산대에서 멋진 사람을 만났군요!"

나는 생각했습니다. '내가? 나는 기분이 그렇게 좋지 않은데!'

계산대를 지난 후에 나는 손수레를 바깥에 밀어 놓고는 짐을 차에 실었습니다. 시동을 거는데, 라디오가 켜지면서 플루트 비슷한 악기 소리가 들렸습니다. 활력이 넘치는 찬송이 흘러나왔습니다. 노랫말에는 하나님께서 나를 지켜보고 계신다는 진리가 담겨 있었는데, 이를 묵상하면서 내 마음은 감동을 받게 되었습니다.

"주님, 나를 용서하소서. 나는 더 나은 것이 무엇인지 알고 있었습니다. 나는 분명 주님께서 모든 상황을 다 통치하고 계신다는 사실을 다시금 기억할 필요가 있습니다. 나는 그리스도를 반사하는 거울이 되어야 합니다. 내 안에서 주님의 모습을 사람들이 발견해야 합니다. 그런데 사람들은 종종 더럽고 왜곡된 거울을 볼 때가 있습니다. 사람들은 단지 먼지가 뒤덮여 더럽거나 투덜거리는 모습밖에 보지 못하는 것입니다. 주님, 정말 주님의 인내가 필요합니다!"

성령의 열매는 사랑과 희락과 화평과 오래 참음과 자비와 양선과 충성과 온유와 절제입니다(갈라디아서 5:22-23). 하나님께서는 이 열매 가운데 내게 부족한 것들을 여러 경우를 통해 분명하게 가르쳐 주십니다. 그러나 내가 가장 갈등하는 것이 있다면 화평입니다. 마음의 평강은, "하나님께서 모든 것을 통치하고 계신다. 마음을 놓아라!"라는 것을 믿고 인내할 때 생깁니다.

나는 마음을 잘 놓는 편이 못 됩니다. 나는 집안 일을 할 때면 마치 집에 불이 난 듯이 합니다. 심부름할 일이 있으면 될 수 있는 한 가장 빨리 하기 위해 달려갑니다. 남편이 샤워하는 시간의 5분의 1이면 샤워를 끝냅니다. 아침에 일어나서 30분도 안 되어 침대를 정리하고, 화장을 끝내고, 옷을 입고, 욕실을 정리하고, 주스와 초콜릿 음료를 준비하고, 주님과의 교제를 갖기 위해 자리에 앉습니다. 이것이 바로 나의 본성입니다. 잘못된 것은 없습니다. 그러나 내 개인적인 시간 일정에 어떤 일이 끼어들거나, 다른 사람이 나를 기다리게 하거나, 일이 제대로 이루어지지 않거나 하면 나는 참지 못하는 경향이 있습니다. 지체되는 것을 참지 못하고, 이렇게 만든 사람들을 참지 못하며, 제대로 이루어지지 않는 일을 참지 못하며, 때로는 인생 자체도 참지 못하는 것입니다.

　최근에 한 친구가 보석과 같은 글을 보내 왔습니다.

　　　주님, 주님께 감사를 드립니다. 오늘까지 긴밀히 함께하여 주셨습니다. 주님의 도우심으로 인내할 수 있었으며, 화를 내지 않을 수 있었으며, 원망하고, 판단하고, 부러워하는 태도를 피할 수 있었습니다. 그러나 침대에서 일어난 채 일 분이 지나지 않았는데도 나는 주님의 도우심이 필요함을 느낍니다.

　나는 웃음을 띠며 동시에 잘못된 것을 깨달았습니다. 종종 평강이 없는 내 영혼의 작은 구멍에서 인내하지 못하는 태도가 새어나옵니다. 처음에는 하나님께, 그리고는 내게, 다음에는 내 주위에 있는 사람들에게 명백히 드러납니다. 나는 그렇게 되기를 원하지 않습니다!
　내가 평강의 사람이 되려면 인내를 배워야 합니다. 물론 전보다는 많이 성장했습니다. 이전처럼 쉽사리 인내하지 못하는 소용돌이 속에 빠지지 않습니다. 몇 주 동안 내 기도 제목의 제일 우선 순위에 인내하는 것을 둔 적이 있습니다. (로마서 5장을 보면 인내는 고난에서 나온다는 것을 알고 있었기 때문에 그렇게 기도할 때 주춤하기는 했습니다.) 인내에 관한 몇몇 성경 구절(사실은 인내에 대한 명령)을 암송하는 것이 도움이 되었습니다. 예를 들면 로마서 12:12입니다. "소망 중에 즐거

위하며 환난 중에 참으며 기도에 항상 힘쓰며." 또한 에베소서 4:2인데, "모든 겸손과 온유로 하고 오래 참음으로 사랑 가운데서 서로 용납하고"라는 내용입니다. 또한 고린도전서 13:4 말씀도 자주 기억합니다. 오래 참는 것이 진정한 사랑의 한 모습임을 보여 주는 구절입니다.

나는 평강이 넘치는 사람이 되기를 원합니다. 매순간, 매일, 매년 인내를 배우기 원합니다. 계산대에 줄을 서 있을 때도 말입니다. "주님, 감사합니다. 내게 끊이지 않는 인내를 보여 주셨습니다. 그리고 주님의 사랑이면 충분함을 지속적으로 기억나게 해주셨습니다."

> 주께서 심지가 견고한 자를
> 평강에 평강으로 지키시리니
> 이는 그가 주를 의뢰함이니이다.
> 이사야 26:3

제 20 장

작은 여우

평 강

커피 잔을 들면서 친구를 살짝 바라보았습니다. 가깝고 친밀하며 내게는 정말 귀한 친구입니다. 내가 아무리 노력해도 해낼 수 없던 일을 그 친구는 놀랍게 해내고 있었습니다. 그동안 나는 그 친구의 응원단장이 되는 것을 즐거워했습니다. 그러나 그날 아침은 달랐습니다. 자기가 전혀 바라지도 않았던 좋은 기회가 생겼다고 말하는 친구를 바라보며 함께 마음껏 웃을 수 없었습니다. 부러워하는 마음이 생기더니 살그머니 내 마음 깊숙한 곳에 자리잡았습니다.

나는 부러워하는 마음이 어떤 영향을 미치는지 잘 알고 있습니다! 수년 동안 나는 잠언 4:23 말씀을 삶에 적용하려고 노력했습니다. "무릇 지킬 만한 것보다 더욱 네 마음을 지키라. 생명의 근원이 이에서 남이니라." "지킨다"는 말은 "문제에서 벗어나 스스로 제어할 수 있거나 삼간다"는 의미를 갖고 있습니다. 그러나 한 순간이라도 마음을 지키지 않으면 부러워하는 마음이 내 마음을 차지하고는 평강을 송두리째 앗아가곤 했습니다.

나는 이제 이 문제를 다 해결했다고 생각했는데, 친구의 얼굴을 바라보는 순간 평강이 사라진 것입니다. 나는 로레인 핀터스가 한 얘기를 좋아합니다. 로레인의 일곱 살짜리 딸 아만다가 여름 성경학교에서 돌아와서는 자랑스럽게 말했습니다. "예수님께 내 마음에 들어오시라고 기도했어요."

"그런데 애야, 2년 전에도 예수님을 네 마음에 영접했었는데"라고 로레인은 응답했습니다.

아만다는 어깨를 머쓱하더니 한숨을 쉬며 말했습니다. "나도 알아요. 그런데 자꾸 도망가시는 걸요."

나는 평강이 자꾸 도망가는 것을 봅니다. 내가 마음을 지키는 것을 잊었기 때문입니다.

마음을 지키는 것은 매일 매일 만나는 가장 어려운 전투 가운데 하나입니다. 부러움과 비교라는 '작은 여우'가 내 평강을 깨트립니다. 내가 마음에 들어오도록 허용하기 때문입니다. 내 안에 들어오지 못하도록 하기 위해서는 하나님의 도움이 절대적으로 필요합니다.

부러움은 비교하는 마음과 늘 붙어 다닙니다. 우리는 늘 비교하는 경향이 있습니다. 이는 어릴 때부터 시작됩니다. 내 친구에게는 입양한 여덟 살짜리 딸이 있는데, 그 딸아이가 한번은 이렇게 말했습니다. "오빠는 집에서 자라났고, 나는 가게에서 사왔어요." 우리들 대부분은 평생 동안 이런 '비교하고 실망하는' 게임을 지속합니다. 미국에서 가장 뛰어난 설교자며

저술가 가운데 한 사람인 척 스윈돌이, 자기 목소리는 로이드 오길비의 낭랑한 목소리에 비교하면 형편이 없고, 하워드 헨드릭스의 설교에 비하면 자기 메시지는 깊이가 없다고 생각한다는 말을 들은 적이 있습니다. 아무리 재능이 많고, 유명하며, 영적으로 성숙한 사람이라고 해도 비교의 덫에 빠질 수 있다는 것을 분명히 알 수 있습니다.

그러나 성경에서는 우리 자신을 다른 사람과 비교하는 것은 지혜롭지 못하다고 가르치고 있습니다. 비교해서 자기가 못났다고 생각되면 결국 부러워하거나 자기를 비하하게 되고, 자기가 낫다고 생각하면 결국 교만으로 흐르게 됩니다. "우리가 어떤 자기를 칭찬하는 자로 더불어 감히 짝하며 비교할 수 없노라. 그러나 저희가 자기로서 자기를 헤아리고 자기로서 자기를 비교하니 지혜가 없도다"(고린도후서 10:12). 비교하는 사람은 지혜가 없는 것입니다. 그러므로 자기 자신을 다른 사람과 비교할 때 우리는 지혜 없는 어리석은 사람이 되는 것입니다.

평강이 내 마음을 주장하도록 하려면, 나는 비교하지 않도록 마음을 지켜야만 합니다. 내가 못났다고 생각될 때 나는 누군가 자기 일을 잘하지 못하고 있는 사람을 찾으려는 유혹을 받습니다. 내가 더 낫다는 느낌을 받기 위해서입니다. 그러나 이것은 부질없는 일입니다. 내 말을 믿으시기 바랍니다. 뿐만 아니라 이것은 성경적이지도 않습니다. 나는 다른 사람을 나보다 낫게 여기며 또한 나를 겸손히 낮추어야 합니다(빌립보서 2:3, 베드로전서 5:6 참조). 다른 사람을 나보다 낫게 여기는 것은 비교가 아닙니다. 이것은 겸손입니다. "주님, 저 사람에게는 많은 재능을 주셨는데, 왜 내게는 조금밖에 주시지 않았습니까?"라고 말할 때 나는 비교하고 있는 것입니다. 그러나 "주님, 그에게 창의적으로 표현할 줄 아는 은사를 주시니 정말 감사합니다. 그는 그 영역에서 최고입니다!"라고 말할 때 나는 겸손을 드러내고 있는 것입니다. 로마서 12:3은 이렇게 말하고 있습니다. "내게 주신 은혜로 말미암아 너희 중 각 사람에게 말하노니, 마땅히 생각할 그 이상의 생각을 품지 말고 오직 하나님께서 각 사람에게 나눠주신 믿음의 분량대로 지혜롭게 생각하라."

결혼 생활 초기에 나는 전임 사역자의 아내로서 완벽하게 되기를 원하며 갈등했던 적이 있습니다. 나는 마리온처럼 접대를 잘하고, 루시처럼 조직적이고 집안 관리를 잘하며, 라일라처럼 말씀을 잘 전하는 사람이 되기를 원했습니다. 또한 미첼처럼 훌륭한 상담자가 되고 싶었습니다. 어느 날 주님께서는 내 옆에 앉으시더니 강한 어조로 물어 보셨습니다. "캐롤, 너는 어떤 사람이 되고 싶으냐?" 나는 마음에 담고 있었던 모든 것을 말씀드렸습니다. 몇 가지를 덧붙이기도 했습니다. 그러나 주님께서는 "캐롤, 네가 정말 원하는 것은 무엇이냐?"라고 다시 물으셨습니다. 그제야 나는 동시에 열 명의 사람이 되고 싶어하는 내 모습을 깨닫게 되었습니다. 그때 주님께서는 이렇게 속삭이셨습니다. "캐롤, 나는 내가 원하는 대로 너를 창조하였다. 평안을 가져라. 비교를 그치고, 네 자신으로 만족하거라."

하나님께서 만드신 모습 그대로 나를 받아들이지 않을 때, 혹은 다른 사람과 같은 은사나 외모 또는 개성 등이 내게도 있었으면 하고 생각할 때, 나는 사실 다음과 같이 말하고 있는 셈입니다. "주님, 나를 이렇게 만드시다니요? 정말 볼품이 없습니다. 이런 내게 만족하라고요? 나 같으면 전혀 다르게 만들었을 것입니다."

그러나 하나님께서는 이렇게 말씀하십니다. "나는 세상을 만들기 전부터 너를 어떻게 만들지 계획을 세웠다. 그리고 그 계획대로 너를 완전하게 만들었다. 내 책에 네 삶의 모든 나날을 기록해 놓았다. 매순간, 모든 일에 다 내 손길이 닿았다. 너는 세상에 단 하나밖에 없는 존재다. 모든 피조물 중에 너와 같은 모습은 오직 하나뿐이다. 나는 네 모습 그대로 너를 사랑한다. 그런데도 너는 여전히 다른 사람이 되고 싶으냐?"

"주님, 평강을 빼앗으려는 '작은 여우'가 공격할 때 마음을 지키기 위해서는 주님의 도움이 필요합니다. 주님께서 내 모습 이대로 나를 사랑하신다는 진리 안에서 안식을 누리게 도와주소서."

이렇게 말씀드리고 나자, 내 마음에는 하나님의 평강이 물밀듯이 몰려왔습니다.

평안을 너희에게 끼치노니
곧 나의 평안을 너희에게 주노라.
내가 너희에게 주는 것은 세상이 주는 것 같지 아니하니라.
너희는 마음에 근심도 말고 두려워하지도 말라.
요한복음 14:27

제 21 장

"모든"은 "모든" 것을 의미한다

평 강

몹시 추운 1월 저녁이었습니다. 버거킹 판매점이 따뜻하게 보여 들어가고 싶었습니다. 그러나 남편과 함께 들어갔을 때, 카운터에 있는 직원이 미안한 듯이 말했습니다. "죄송합니다. 소프트 드링크 기계가 고장이 나서 고치는 데 한 시간 정도가 걸릴 것 같습니다. 빅 킹 세트 메뉴에 아이스 티나 주스를 대신 넣어 드릴 수 있습니다." 나는 속으로 '상관없다'고 생각했습니다. (실제로는 같은 가격의 다른 음료를 주었습니다.)

우리가 막 떠나려고 하는데, 점원 한 사람이 "버스다!"라고 크게 외쳤습니다. 차창 속이 들여다보이지 않는 커다란 버스 한 대가 버거킹 주차장으로 들어오고 있었습니다. 점장은 주춤하더니 이마에 손을 얹었는데, 마치 "안 돼! 지금은 기계도 고장났는데"라고 말하는 것처럼 보였습니다. 졸린 듯한 표정을 하고 있었던 점원들은 별안간 정신이 번쩍 들었습니다. 한 여자 점원은 서둘러서 더러운 테이블을 치웠고, 다른 두 사람은 계산대로 달려갔습니다.

모든 사람의 눈이 버스 문을 주시했습니다. 잠시 동안 정적이 흘렀습니다. 그리고 나서 천천히 버스 문이 열리기 시작했습니다. 나는 사람들이 떼를 지어 차에서 내리며 가게 안으로 몰려들어오리라 생각했습니다. 그러나 버스 운전기사만 나타났습니다. 그는 버스 문을 닫은 후 건너편에 있는 웬디스 판매점으로 걸어갔습니다.

웃음이 나왔습니다. 점원들은 손님이 떼지어 들어올 것을 기대하며 분주히 움직이고, 날카롭게 신경을 곤두세우며, 걱정 가운데 부지런히 준비하였지만 결국 아무것도 아니었습니다. 버거킹 점원들은 다시금 자리에 앉아 편안한 마음으로 쉬게 되었습니다.

웃음이 나왔지만, 걱정하며 근심하던 그들을 보며 생각나는 교훈이 있었습니다. 때로 나는 뭔가 어려운 일이 닥칠 것이라고 생각하지만 그렇지 않을 때가 있습니다. 어떤 일에 대하여 걱정하지만 결국에는 그 일이 하나도 생기지 않을 때가 있습니다. 우리가 걱정하는 일의 95퍼센트는 결국 일어나지 않는다는 말을 들은 적이 있습니다. 또한 비록 그런 일이 일어나더라도, 우리에게는 "내 은혜가 네게 족하도다"(고린도후서 12:9)고 말씀하시며 모든 순간에 모든 일을 통치하시는 하나님이 계십니다.

염려하는 것은 부질없는 일입니다! 이것을 알면서도 나는 염려합니다.

몇 달 전에 나는 러닝머신을 타고 운동을 하고 있었습니다. 그리고 목표한 시간을 채우려면 몇 분 더 운동을 해야 했기 때문에, 러닝머신 옆 선반에 비치되어 있었던 책을 집어 들었습니다. 에이미 카마이클이 지은 책이었습니다.

우리가 결코 잊을 수 없는 일들이 있습니다. 이런 일들은 기억의 전면부에서는 사라질지 모르지만, 한쪽 구석 어딘가에 남아 있어서 조금만 연관된 것이 있으면 다시 기억나게 됩니다. "모든"이란 단어를 소리내어 읽을 때 다음과 같은 일이 생각났습니다.

'우리는 결코 넘어질 수 없다'는 말을 생전 처음으로 이해하고 믿은 후에, 나는 스코틀랜드에서 큰 모임을 하고 있었습니다. 앤드류 보나 박사가 말씀을 전했습니다. 보나 박사는 연로하였기 때문에 크고 분명하게 말할 수 없는 상태였습니다. 모임 장소에는 사람들이 가득 찼고, 나는 뒤쪽에 앉아 있었습니다. 나는 그의 말 중에서 "모든"이란 단어 외에는 거의 들을 수 없었습니다. 그는 고린도후서 9:8을 읽으며 모든 힘을 다하여 단어 하나하나를 강조하였습니다. 그래서 "모든, 항상, 모든, 모든"이란 말이 크게 울려 퍼졌습니다. 나는 지금까지 수천 번의 놀라운 설교를 들었지만 대부분 기억할 수 없습니다. 그러나 그때 들었던 "모든"이란 말은 잊을 수 없었고, 수없이 많은 유익을 내게 주었습니다. 이 말은 오늘날에도 나를 새롭게 해줍니다. "하나님이 능히 모든 은혜를 너희에게 넘치게 하시나니, 이는 너희로 모든 일에 항상 모든 것이 넉넉하여 모든 착한 일을 넘치게 하게 하려 하심이라."

"모든"은 "모든" 것을 의미합니다. 어느 한 "부분"을 가리키는 말이 아닙니다. "항상"은 "항상"을 의미합니다. 어떤 특정한 "때"만을 가리키는 말이 아닙니다. 주님, 오늘도 "모든"이라고 하신 주님의 약속을 의지하며 살아가게 하소서.

러닝머신에서 내려와 나는 고린도후서 9:8을 찾아보고는 더욱 크게 놀랐습니다. "하나님이 능히 모든 은혜를 너희에게 넘치게 하시나니, 이는 너희로 모든 일에 항상 모든 것이 넉넉하여 모든 착한 일을 넘치게 하게 하려 하심이라." 얼마나 놀랍습니까?

나는 유명한 연사 혹은 작가와 함께 강단에 서는 일에 대하여 늘 염려하고 걱정이 앞섰으며, 항상 위축이 되었습니다. 그러나 이 말씀을 통하여 하나님께서는 내게 필요한 모든 것을 다 채워 주시겠다고 약속하신 것을 기억나게 해주셨습니다. 그리고 주님을 위해서 내가 하는 모든 일은 "착한 일"입니다. 글을 쓰건, 이웃을 위해 음식을 요리하건, 혹은 유명한 사람들과 함께 강단에서 말씀을 전하건 마찬가지입니다!

지금까지 살아오면서 나는 평강의 비결이 예수 그리스도 안에 있는 것임을 배우게 되었습니다. 누군가 말했듯이 내가 "그리스도께 붙잡히면," 즉 내가 그리스도와 함께 동행하면, 나는 주님의 평강을 누리게 됩니다. 그리스도께서는 평강을 가지셨고 내 안에 사시기 때문입니다. 주님께서는 "아버지께 붙잡히셨으며," 또한 "내가 아무것도 스스로 할 수 없노라"(요한복음 5:30)고 말씀하셨습니다. "아버지께서 내 안에 계셔 그의 일을 하시는 것이라"(요한복음 14:10).

하나님의 도우심이 없으면 도무지 염려에서 벗어날 수 없습니다. 며칠 밤 동안 잠을 이루지 못한 적이 있었습니다. 걱정이 되는 사람도 있었고, 떨쳐 버릴 수 없는 염려도 있었기 때문이었습니다. 나는 하나님께서 통치하고 계신다는 사실을 기억나게 도와주는 훈련을 해야 했습니다. 나는 각각의 문제를 손에 꼭 쥔 다음에 팔을 하늘 높이 듭니다. 그리고는 손을 펴면서 "아버지 하나님, 이것을 맡깁니다"라고 말합니다. 하나씩 차례로 나의 근심은 사라집니다. 나는 하나님께서 각 문제에 대하여 필요한 것은 무엇이든 하실 수 있다는 것을 믿고 맡길 수 있게 됩니다.

목이 마른 고객들이 버스에 가득 타고 몰려오리라 생각하며 바쁘게 준비하는 일이든, 아니면 강연 약속에 대하여 염려하며 준비하는 일이든, 하나님의 은혜는 늘 충분하여 우리에게 평강을 줍니다. "모든"은 "모든" 것을 의미하기 때문입니다!

*아무것도 염려하지 말고
오직 모든 일에 기도와 간구로
너희 구할 것을 감사함으로 하나님께 아뢰라.
빌립보서 4:6*

다시금 기억하기 위하여...

평 강

성어거스틴은 이렇게 썼습니다. "주님, 주님께서는 주님을 위해 나를 만드셨습니다. 그리고 우리 마음은 주님 안에서 쉼을 누리기 전까지는 결코 쉼을 누릴 수 없습니다." 예수님 안에서 쉬는 것이 바로 평강입니다. 로버트 맥체인은 이렇게 썼습니다. "다른 사람들이 당신의 문제, 약점, 실패를 바라볼 때 예수님을 열 번만 바라보십시오." 예수님을 바라보는 것이 평강입니다. 그러나 우리의 평강은 늘 '빠져나가는 것' 같습니다. 그렇지 않습니까? 이 귀중한 영적 열매를 더욱 많이 얻기 위해서 평강에 대한 주제별 성경공부를 하기로 하겠습니다.

1. 다음 구절의 내용을 적어 보십시오.
    시편 4:8

시편 29:11

시편 85:10

시편 119:165

잠언 14:30

이사야 26:12

요한복음 13:33

로마서 12:18

골로새서 3:15

빌립보서 4:6-7

히브리서 12:11,14

히브리서 13:20-21

야고보서 3:17-18

2. 다음 구절을 당신 자신의 말로 기록해 보십시오.
   로마서 5:1-5

   요한복음 14:27

   이사야 26:3

   요한복음 15:4

3. 이 구절들을 통하여 하나님께서는 당신에게 무엇을 말씀하여 주십니까? 이에 대하여 구체적으로 무엇을 해야 한다고 생각하십니까?

4. 평강에 관한 구절을 하나 암송하십시오.

5. 당신이 공부한 구절 중에서 하나를 택하여 개인적인 적용을 기록하십시오.

제 22 장

침울에서 기쁨으로

감사하는 마음

검은 머리에 키가 큰 분이었는데 정말 아름다웠습니다. 우리는 콜로라도스프링스에 있는 네비게이토 본부인 글렌에리 정문 바로 바깥에 살고 있었는데, 조그만 우리 집에 엘라인이 들어섰을 때 이런 생각이 들었습니다. "얼마나 멋진 분인가! 교육도 잘 받았고, 확신에 차 있고, 세련되고, 교양도 있으며, 품위도 있고, 부유한 집안 출신이잖아. 이 훈련 프로그램에 참석한 우리 같은 사람들보다는 한 단계 위인 분이야."

그러나 나는 곧 엘라인이 우리와 마찬가지로 몇 가지 교훈을 고통스럽게 배워야 했다는 것을 알게 되었습니다. 낡고 오래된 식탁에 함께 앉아서 커피를 마시고 있었는데, 엘라인이 얘기를 꺼내기 시작했습니다. 오랜 세월이 지났는데도 절대로 잊혀지지 않는 이야기였습니다.

엘라인은 내게 이렇게 말했습니다. "캐롤, 알다시피 이곳에서 삶은 그리 쉽지는 않았습니다. 몇 달 동안 훈련 프로그램을 진행하고 난 후, 사람들이 나를 자기들과는 '다르다'고 생각하며 나를 받아들이지 않는다는 느낌이 들었습니다. 나는 판단과 비판을 받으며, 오해를 받고 있다는 느낌이 들었습니다. 이런 느낌은 더욱 악화되어, 이곳에서 일하고 있는 사람들에게서 소외당하고 있다는 생각까지 하게 되었습니다. 결국 나는 책임자인 도슨에게 가서 내 불평을 털어놓았습니다. 물론 도슨이 내 편이 되어서 비판하는 다른 사람들을 책망하고 나를 동정해 주리라 기대했었습니다."

엘라인은 씁쓸한 미소를 지었습니다. "그러나 도슨은 예상 밖의 말을 했습니다."

"정말이에요?" 나는 놀라서 물었습니다. "뭐라고 했지요?"

"도슨은 나를 똑바로 바라보았습니다. 그리고는 '엘라인, 나는 이렇게 하기를 원합니다. 하루에 이백 번씩 – 물을 마실 때나, 계단을 오를 때나, 부엌에서 섬길 때나, 무엇을 하든지 무슨 일이 일어나든지 – "주님, 감사합니다"라고 말하십시오'라고 말했습니다."

엘라인은 말을 이었습니다. "나는 대꾸하고 싶은 마음을 꾹 참고 도슨의 사무실을 떠났습니다. 그러나 나는 곧바로 도슨의 조언을 따르기로 마음을 먹었습니다. 그래서 하루에 이백 번씩 마음속으로 혹은 소리를 내어 '주님, 감사합니다'라고 말했습니다. 주변의 아름다운 환경도 감사했고, 커피를 마시는 일상적인 일에 대해서도 감사했습니다. 다른 사람들이 비판적인 태도로 나올 때도 역시 감사하다는 말을 하는 것을 배웠습니다. 수없이 '주님, 감사합니다'라고 말하다 보니 내가 처한 상황, 글렌에리에 있는 사람들, 그리고 주님께 대한 나의 태도가 변화되었습니다. 나는 이렇게 한 것이 내 일생을 바꾸었다고 믿습니다."

종종 이 대화가 떠오를 때가 있습니다. 의도적으로 감사해야 하거나 감사하는 것이 고통스러울 때도 있지만, 감사하는 삶은 불평하는 나의 태도를 기뻐하는 태도로 바꾸어 주는 능력이 있음을 깨닫기 때문입니다. 정말 큰 능력이 있습니다.

하나님께서 내게 주신 것들을 감사하며, '항상 기뻐하는 습관'을 기르고, 또한 하나님께 '찬양의 제사'를 드릴 때면, 도무지 그렇게 하고 싶지 않던 마음이었지만, 나의 태도는 침울에서 기쁨으로 바뀝니다.

현재 누리고 있는 것을 감사함. 태양이 뜨지 않는 날을 한번 상상해 보십시오. 새벽 여섯 시가 되었지만 동이 틀 기미는 보이지 않습니다. 일곱 시가 되어도 빛은 보이지 않습니다. 정오가 되어도 한밤중처럼 칠흑같이 어둡고 새들도 지저귀지 않습니다. 단지 부엉이 울음소리와 박쥐들이 날아다니는 소리만 들립니다. 오후가 되어도 밝아지기는커녕 더욱 깜깜해집니다. 그날 밤 아무도 잠을 이루지 못합니다. 우는 사람도 있고, 고통 가운데 두 손으로 얼굴을 감싸는 사람도 있습니다. 교회마다 사람들이 가득 모여 모두 무릎을 꿇습니다. 이렇게 밤을 지샙니다.

그리고는 해가 뜨기를 간절히 바라는 마음으로 눈물을 글썽이며 동쪽 하늘을 바라봅니다. 하늘이 붉게 변하기 시작하고 다시금 해가 떠오릅니다. 뜬눈으로 밤을 지샜던 수많은 사람들이 기쁨의 소리를 외칩니다. 수백 만의 입술이 찬양을 합니다. "내 영혼아, 여호와를 송축하라." 암흑 같던 하루를 지내고 다시금 태양이 떠오른 것만으로도 이렇게 찬양을 합니다.

하나님의 축복은 너무도 변함없이 다가오기 때문에 우리는 너무도 쉽게 당연한 것으로 여기며, 감사하는 태도를 전혀 갖지 않습니다. 현재 내 시누이는 심각한 호흡기 질환을 앓고 있는데 폐에 충분한 양의 산소가 공급되지 못합니다. 이런 상황에 처해 있는 시누이를 어제 만났는데도 나는 "주님, 마음껏 호흡할 수 있어서 감사합니다"라고 말하지 못했습니다. 나는 하나님께서 매일 베풀어 주시는 것들을 너무도 당연한 것으로 받아들입니다. 볼 수 있고, 들을 수 있고, 움직일 수 있는 것 등입니다. 그리고 텔레비전을 통해 난민들을 보았을 때, 먹을 것을 풍성하게 공급하여 주신 아버지 하나님께 최근에 감사한 적이 없다는 것을 깨닫습니다. 포근한 잠자리, 그리고 지난밤 폭설과 오늘 아침 강한 바람에서 보호해 준 보금자리를 인하여 감사한 적이 없었습니다.

예수님을 더욱 닮아 가는 것은 감사하는 태도를 더욱 발전시키는 것이며, 이는 내가 갖지 않은 것에 대하여 불평하기보다는 갖고 있는 것에 대하여 감사할 줄 아는 태도를 배우는 것을 의미합니다.

'항상 기뻐하는 습관'을 기름. 도슨 트로트맨은 엘라인에게 정말 위대한 조언을 했습니다. 당신도 그렇게 생각하지 않으십니까? 다음 두 주 동안, 매일 주님께 이백 번씩 감사하는 시도를 해보십시오. 이것이 당신에게 어떤 효과가 있는지를 살펴보십시오.

하나님께 '찬양의 제사'를 드림. 히브리서 13:15에서는 이렇게 말하고 있습니다. "이러므로 우리가 예수로 말미암아 항상 찬미의 제사를 하나님께 드리자. 이는 그 이름을 증거하는 입술의 열매니라." 모든 일이 내 뜻대로 되어질 때 찬양과 감사를 드리는 것은 쉽습니다. 그러나 내가 근심과 걱정 가운데 있을 때, 내 앞을 폭풍우가 가로막고 거센 물줄기가 밀어닥칠 때, 힘이 다 떨어지고 고통스럽지 않은 곳이 하나도 없을 때, 그때 하나님께 감사와 찬양을 드리는 것은 의식적으로 깨어 드리는 제사입니다. 내 본성과는 반대로 행하는 것입니다. 수고스럽고 어려운 것이며 훈련과 결단이 필요한 것입니다. 그러나 이것은 하나님의 명령이기 때문에 하나님께서는 우리가 하나님께 순종할 수 있도록 성령을 통해 능력을 베풀어 주십니다.

투덜거리는 동시에 기뻐하는 것, 혹은 불평하는 동시에 감사하는 것은 불가능함을 깨닫게 되었습니다. 감사의 환한 빛이 비칠 때 불평과 투덜댐과 걱정과 근심은 사라지게 됩니다.

감사하도록 상기시켜 주시는 하나님께 감사를 드립니다. 당신도 그렇지 않습니까? 또한 지금은 하늘나라에 있는 도슨과 어디에 있는지는 모르지만 엘라인에게도 감사를 드립니다.

> 그리스도의 평강이 너희 마음을 주장하게 하라.
> 평강을 위하여 너희가 한 몸으로 부르심을 받았나니
> 또한 너희는 감사하는 자가 되라.
> 골로새서 3:15

172   늘 새롭게 하시는 주님

제 23 장

마지막 한 방울까지

감사하는 마음

부엌 의자에 페인트를 칠하는 동안에 딸아이는 옆에서 재미있게 놀고 있었습니다. 몇 분이 지나서 나는 허리를 쭉 펴고 통증이 생긴 등을 문지르며, 페인트 통을 깔개가 덮인 한 의자 위에 올려놓았습니다. 그리고는 커피를 따르러 갔습니다. 그러나 눈 깜짝할 사이에 세 살짜리 린이 의자 옆으로 타박타박 걸어가서 깔개를 잡아 당겼습니다.

"안 돼!" 황급히 소리를 쳤지만 이미 늦었습니다. 페인트가 사방에 엎질러졌습니다. 바닥에도. 린에게도. 나에게도. 부엌 가구에도. "어떡하니, 린." 종이 티슈를 한 움큼 집고 페인트로 엉망이 된 이곳저곳을 치우면서 한숨 섞인 말을 내뱉었습니다.

몇 분 뒤에 욕실에서 몸에 묻은 페인트를 닦아 내고 있었는데, 화를 내지 않은 자신이 대견하게 생각되었습니다. 바로 그때 하나님께서 내게 속삭이시는 소리를 듣게 되었습니다. 하나님께서는 "물론 화를 내지 않았다"라고 인정은 해주셨지만, 그러나 "내게 감사하지도 않았다"라고 말씀하셨습니다. 그때 하나님께서는 내가 그 주에 암송했던 구절을 생각나게 해주셨습니다. "범사에 감사하라. 이는 그리스도 예수 안에서 너희를 향하신 하나님의 뜻이니라"(데살로니가전서 5:18).

"주님, 설마 진심은 아니시지요?"라고 외쳤습니다.

"범사에 감사하라"라고 하나님께서는 조용하지만 분명한 음성으로 응답을 하셨습니다.

나는 이를 이해할 수 없었습니다. 그러나 "주님, 좋습니다. 주님께 감사하겠습니다. 엎질러진 페인트에 대해서도"라고 말씀을 드렸습니다.

하나님께서는 '사소하게 보이는' 사고, 예를 들면 컴퓨터 작업을 하다가 한 장 전체를 실수로 지우거나, 어딘가 가다가 타이어가 펑크가 나는 것에 대해서 감사하는 태도를 배우지 못하면, 큰 일에 대해 하나님께 "감사합니다"라고 말씀드리는 것을 배우지 못한다는 사실을 내게 깨닫게 해주시기 시작했습니다.

하나님께서는 내가 모든 일에 감사해야 한다고 말씀하십니다. 이것은 기쁠 때나 슬플 때나, 특별히 놀라운 순간이나 평범한 순간이나, 좋은 일이나 비극적인 일이나, 즐거운 일이나 고통스러운 일이나 모두 감사해야 한다는 의미입니다. 매일 나는 하나님께서 주시는 잔을 마시며 새로운 경험들을 하게 됩니다. 쓴 것도 있지만 단 것도 있습니다. 나는 마지막 한 방울까지 다 마셔야 하며 그날 하나님께서 내게 "부어 주신" 바로 그 잔에 대하여 감사해야 합니다.

 오늘 아침 남편은 일주일 동안 열리는 모임을 위해 짐을 꾸려 글렌에리로 떠났습니다. 나는 외로움이 담긴 잔을 마셨습니다. 점심때에는 열세 명의 자매들이 우리 집에서 함께 모여 기도하며 서로의 삶을 나누었는데 기쁨의 잔을 맛볼 수 있었습니다. 한 자매가 남아서 자기가 남편에게 느끼는 실망감을 나누었습니다. 남편이 자기 자신과 자기의 필요에 대해서는 무관심한 태도를 보인다고 말했습니다. 나는 그 자매와 함께 그런 상황에 처한 슬픔을 함께 마셨습니다. 친구에게 전화가 왔는데, 아들의 심장이 멎었다고 했습니다. 아이는 산 속에서 시내에 있는 병원으로 헬기를 이용하여 옮겨졌으나 끝내 살아나지 못했습니다. 나는 이 쓴잔을 삼키면서 크게 울었습니다. 그날 저녁에는 달콤한 순간들을 맛볼 수 있었습니다. 저녁을 먹으면서 최근에 남편을 잃은 한 사람에게 그리스도를 전할 수 있었고, 잠자리에 들기 전에는 남편에게서 반가운 전화를 받았으며, 주님과 귀한 교제 시간을 즐겼습니다. 오늘 나는 하나님께서 내게 주신 잔을 모두 다 감사함으로 마실 수 있었습니다.

 그러나 나는 본래 감사를 잘하는 사람이 아닙니다. 얼마나 쉽게, 그리고 별다른 생각 없이 날마다 일어나는 일들을 흘려보내는지요! 혹은 내 잔에 채워 주신 것을 기뻐하지 않을 때가 있습니다. 주일 예배 시간에는 하나님을 의뢰하는 찬송을 쉽게 부릅니다. 그러나 달갑지 않은 일 때문에 내 삶에 아름다움이 사라지는 것처럼 보일 때, 하나님께서 선하시다는 진리가 내 영혼에 스며들도록 하는 것은 어려울 때가 많습니다.

시편 기자들은 거듭해서 자기들이 느끼는 두려움과 실망을 아버지께 소리쳐 아뢰었습니다. 그러나 항상 그들의 외침 뒤에는 하나님을 의뢰하겠다는 결단이 뒤따랐습니다. 시편 기자들은 비록 끔찍한 일이 생기고, 하나님께서 자기들을 버린 것처럼 보이며, 대적들이 승리하는 것처럼 보일지라도 언제나 여전히 하나님을 신뢰하겠다고 말했습니다. "내 육체와 마음은 쇠잔하나 하나님은 내 마음의 반석이시요 영원한 분깃이시라"(시편 73:26).

이는 배우기 힘든 교훈입니다. 그렇지 않습니까? 그러나 신실하신 우리 하나님께서는 매일 매일 우리에게 새로운 기회를 주십니다. 날마다 새로운 잔을 다 마실 수 있는 기회를 주십니다. 이에 응답하여 우리는 마지막 한 방울까지 다 마시기를 선택하며 "주님, 감사합니다. 진정으로 주님을 신뢰합니다"라고 외쳐야 할 것입니다. 우리의 잔이 어려운 문제, 마음대로 안 되는 계획 혹은 엎질러진 페인트로 가득 차 있을지라도 그렇게 해야 합니다.

> 그런즉 너희가 어떻게 행할 것을 자세히 주의하여 지혜 없는 자같이 말고 오직 지혜 있는 자같이 하여 세월을 아끼라. 때가 악하니라.
> 에베소서 5:15-16

제 24 장

온전히 기쁘게 여기라

감사하는 마음

별다른 어려움 없이 아침이 시작되었습니다. 하루를 바라보며 계획을 세운 뒤에 그에 따라 움직이기 시작했습니다. 그런데 우체국을 떠나면서 지갑 속을 찾아보았지만 열쇠꾸러미를 볼 수 없었습니다. 차창을 통해 안을 들여다보니 자동차 열쇠를 꽂아 놓은 채 문을 잠근 것을 알게 되었습니다. 그곳에서 한 구역 떨어진 미장원에 10시까지 가야 했는데, 걸어가면서 나는 문제없어라고 생각했습니다. 도착해서 남편에게 전화를 걸었고(물론 남편은 용납하며 웃음으로 응답해 주었습니다), 보조키를 가지고 와 달라고 부탁했습니다. 나는 계속해서 머리 손질을 하였습니다.

    드라이어 밑에 앉아 있었는데 남편이 걱정스런 표정으로 걸어 들어왔습니다. "여보, 열쇠를 꽂은 채 문을 잠갔을 뿐만 아니라 시동도 끄지 않았어. 부동액이 온통 사방으로 튀었소. 자동차 시동을 걸기 전에 잠시 차를 식혀야 할 필요가 있을 거요. 집에 돌아오면 더 고칠 것이 있는지 한번 살펴봅시다."

45분 뒤에 나는 차로 돌아갔습니다. 시동을 걸어 보았습니다. 반응이 없었습니다. 잠깐 걸리는 듯하다가 바로 꺼졌습니다. 오전은 다 가버렸구나!라는 생각이 들었습니다. 다시 남편을 성가시게 하지 말자고 생각하고는 자동차 서비스 카드를 찾았습니다. 전화를 걸어 도움을 요청하고 다시금 45분을 기다렸습니다. 사람들이 도착하여 시동을 건 후에 내가 정비소까지 잘 가는지 보기 위하여 따라 왔습니다. 감사하게도 부동액을 교체하고 시동을 다시 걸자 문제가 다 해결된 듯이 보였습니다. 다시금 그날 해야 될 일이 생각났습니다. 집에 도착하기는 했지만 남은 일들 때문에 몹시 걱정이 되었습니다.

이런 경우가 생기면 감사하기가 쉽지 않습니다. 사실 신경이 날카로워지기가 쉽습니다. 좋은 때, 좋지 않은 때, 상심이 될 때, 우울할 때, 실망이 될 때, 즉 모든 경우에 기뻐하는 것을 배우지 못하면, 내 마음대로 진행되지 않는 상황에 처해서는 분노를 발하게 될 뿐입니다. 그 상황에 대하여 분노할 뿐만 아니라 사실 나는 하나님께 대해서도 화를 내고 있는 셈입니다. 하나님께서 그런 상황을 바꾸어 주시지 않았다고 원망하는 것입니다. 하나님께 화를 내지 않기 위해서는 늘 감사하는 마음을 갖기 위한 연습을 해야 합니다!

내 안에서 혹은 외부에서 어떤 일이 일어나건, 하나님께서는 내가 감사하는 태도를 배우도록 지속적으로 가르쳐 주십니다. 바로 오늘 아침에도, 만성 질환을 겪고 있는 사람들을 위해 기도하고 있었는데 주님께서는 내 마음에 이렇게 말씀해 주셨습니다. "캐롤, 너는 감사하는 마음에 대하여 책을 쓰고 있다. 그리고 네 자신의 삶에서 일어나는 일에 대해서 내게 감사하는 것을 배우고 있다. 그러나 네가 사랑하는 사람들이 겪는 고통스런 환경에 대해서는 감사한 적이 한 번도 없구나. 나는 여전히 그들 가운데서 행하고 있는데도 말이다."

나는 거의 숨이 멎을 뻔했습니다. 그리고 주님께 항변하듯이 외쳤습니다. "주님, 어떻게 사람들이 그렇게 고난을 받고 있는데 주님께 감사할 수 있겠습니까?"

주님께서는 잠잠하셨습니다. 참으로 지혜로운 분이셨습니다. 나는 그때 "범사에 감사하라"는 말을 원고에 쓰고 있었습니다.

"좋습니다, 주님. 답이 여기 있군요."

나는 망설여졌습니다. 도대체 제인이 겪는 당뇨병을 인하여 어떻게 하나님께 감사할 수 있단 말입니까? 셀바의 류머티스성 관절염과 바바라의 암을 인해서 감사할 수 있습니까? 그때 나는 하나님께서 내게 친구들의 삶에 일어난 고통스런 일에 대해 하나님께 감사하는 것을 요구하시는 게 아니라 그런 어려운 상황 가운데서도 하나님께 감사할 줄 아는 태도를 원하신다는 것을 깨달았습니다. 바울은 이렇게 말했습니다. "그러므로 내가 그리스도를 위하여 약한 것들과 능욕과 궁핍과 핍박과 곤란을 기뻐하노니 이는 내가 약할 그때에 곧 강함이니라"(고린도후서 12:10). 야고보는 우리에게 이렇게 말합니다. "내 형제들아, 너희가 여러 가지 시험을 만나거든 온전히 기쁘게 여기라"(야고보서 1:2).

기도하기 시작하자 하나님께서 인도하여 주셨습니다. "아버지, 감사합니다. 제인이 당뇨병을 통해 주님의 형상을 닮아 가도록 역사하심을 감사드립니다(로마서 8:29). 이로 인하여 주님께 진정으로 감사드리며 주님을 의뢰합니다." 이런 식으로 지속되었습니다. 하나씩 차례로 나는 고통 가운데 살아가고 있는 사랑하는 사람들의 삶에 하나님께서 이루어 놓으신 것을 인하여 감사하였습니다.

그렇게 하면서 새로운 깨달음이 생겼습니다. 범사에 감사해야 한다면, 죄 때문에 일어난 고통스런 일에 대해서 들을 때도 감사해야 하지 않을까? 나는 하나님께서 우리가 감사하는 태도를 유지하도록 부르셨다고 믿습니다. 이 감사하는 태도는 하나님을 굳게 의지하는 믿음에서 자라납니다. 이땅에서 어떤 일이 일어날지라도 하나님께 감사할 수 있습니다. 하나님께서는 여전히 선하시며, 여전히 통치하고 계시며, 여전히 우리에게 개인적인 관심을 가지고 계시기 때문입니다. 하나님께서는 대적을 물리치시며 이를 사용하여 하나님의 목적을 이루실 수 있습니다.

환경이 어떠하든 우리는 그 상황을 통해 역사하시는 하나님을 믿고 하나님께 감사할 수 있습니다. 그리고 우리가 힘들고 어려운 상황이 아니라 하나님께 초점을 맞추며 기도할 때에 우리의 마음은 기쁨으로 넘쳐 날 수 있습니다.

기도를 항상 힘쓰고, 기도에 감사함으로 깨어 있으라.
골로새서 4:2

다시금 기억하기 위하여…

감사하는 마음

축복을 받았을 때 하나님께 감사하는 것은 쉽습니다. 우리 주위에 있는 아름다운 세상을 즐거워하며 하나님의 선하심과 광대하심을 찬양하는 것 또한 비교적 쉽습니다. 그러나 고통스러운 나날을 보내고 있을 때 감사하는 마음을 갖는 것은 그렇게 쉽지 않습니다. 또한, 도전을 받았다고 생각될 때 하나님을 찬양하는 것이나 삶이 잘 풀리지 않는다고 생각될 때 즐거워하는 것은 어렵습니다.

폴 씨그펜은 기쁨에 대한 글에서 이렇게 말했습니다. "기쁨을 원한다면, 기쁨 자체를 추구하기보다 하나님을 찾는 일에 헌신해야 한다는 것을 깨닫게 되었습니다." 감사하는 마음도 마찬가지입니다. 더욱 감사하기를 원한다면 감사하는 마음의 근원을 찾아야 합니다. 감사하는 마음이라는 주제를 공부하기 위해 하나님을 찾으며 하나님께 시선을 고정하기로 합시다.

1. 잠언 2:1-6에 나오는 동사들을 나열하고, 행동을 나타내는 이들 동사가 어떤 변화 과정을 거치는지 살펴보십시오. (예를 들면, "받는" 것은 "간직하는" 것보다 쉽습니다. "기울이는" 것은 "두는" 것보다 쉽습니다.) 하나님의 말씀을 섭취하는 과정에서 더욱 높은 단계로 진보하기 위하여 먼저 "걸음마" 단계를 거치라고 하신 하나님의 말씀에서 당신이 배울 수 있는 교훈은 무엇입니까? 이 원리가 감사하는 마음을 갖는 것에 어떻게 적용될 수 있겠습니까?

2. 다음 구절에 의하면 감사하는 마음을 가져야 하는 이유는 무엇입니까?
   가. 시편 106:1

   나. 시편 118:21

   다. 고린도전서 15:57

   라. 고린도후서 9:15

   마. 고린도후서 9:11

   바. 시편 16:7

3. 시편 107편을 읽고, 감사할 수 있는 것 다섯 가지를 적어 보십시오.

4. 골로새서 3:17에 의하면, 우리는 언제 감사해야 합니까?

5. 감사하기 위하여 우리가 사용할 수 있는 방법은 무엇입니까?
　가. 시편 13:6

　나. 시편 105:1

　다. 시편 100:4

6. 당신의 마음에 감사하는 태도에 대한 구절을 하나 새겨 주시도록 기도하십시오. 이 구절을 암송하고 아래와 같이 해 보십시오.
　가. 그 구절을 '나' 또는 '나를'과 같은 대명사를 사용하여 당신 자신의 말로 다시 써보십시오.

나. 이 구절에 순종하지 못했던 최근의 상황을 한두 문장으로 기록해 보십시오.

다. 지혜를 달라고 기도한 후에, 이번주에 이에 대하여 하나님께서 당신이 하기를 원하신다고 생각하는 것을 기록해 보십시오. 그리고는 가능하다면 다른 사람에게 점검을 부탁하십시오.

제 25 장

모든 것을 굴복합니다

순 종

네 살밖에 되지 않았지만 랜디는 무척 고집이 셌습니다. 그 애 엄마가 "이제 점심 먹을 시간이다"라고 말했지만 랜디는 고집을 꺾으려 하지 않았습니다. "랜디, 식탁으로 와서 앉으렴" 하고 엄마는 계속 말했습니다. 그렇지만 랜디는 못마땅하다는 듯이 입만 삐죽였습니다. 엄마는 큰 소리로 랜디를 불렀습니다. "랜디! 즉시 오지 않으면 혼내 줄 거야."

랜디는 얼굴을 찌푸리며 마지못해 천천히 의자로 다가왔습니다. 그리고는 의자에 엉덩이를 걸치며 혼자 중얼거렸습니다. "겉으론 앉아 있지만, 속으론 서 있는 거야."

내 친구가 이 얘기를 하는 것을 듣고 웃었지만 나는 우리가 랜디와 같이 행동할 때가 많다는 생각을 하게 되었습니다. 우리도 역시 몸은 움직이지만 순종하고자 하는 마음은 없이 그렇게 할 때가 많습니다. 우리는 아마샤 왕과 같습니다. "아마

샤가 여호와 보시기에 정직히 행하기는 하였으나 온전한 마음으로 행치 아니하였더라"(역대하 25:2).

결혼과 연관하여 이런 식으로 행동하는 여자들을 많이 보았습니다. 겉으로는 결혼하였지만 속으로는 여전히 결혼하지 않은 채로 지내는 사람들이 있습니다. 자기 부모나 자기가 성장한 곳을 떠나지 않으려 하는 여러 기혼 여성을 만났습니다. 미혼 시절 사용하던 이름, 은행 계좌, 혹은 자기만 즐기던 취미 등을 절대로 포기하지 않으려는 사람들도 있습니다. 그들은 자기들 주위에 담을 쌓습니다. 그리고는 "절대 들어오지 마시오"라는 표시를 붙입니다. 그렇게 하면서도 '둘이 한 몸이 된다'는 것이 왜 꿈같은 이야기인지 의아해합니다.

결혼 생활에서 하나가 되려면 "우리"를 위하여 "나"를 포기하는 것이 필요합니다. 우리 자신의 관심사보다는 상대방의 관심사를 최고 우선 순위에 두는 것을 의미합니다. 우리들 대부분은 이렇게 스위치를 전환시키는 것이 자연스럽거나 쉽지는 않습니다.

그럼에도 나의 경우에는 남편과 하나가 되는 과정이 하나님께 나의 뜻을 굽히는 것보다는 비교적 쉬웠다고 생각됩니다. 물론 두 관계에 있어서 모두 내게는 여전히 질질 끄는 태도가 있다는 것은 인정합니다. 그러나 나의 뜻을 하나님께 굽히는 면에 있어서 나는 분발하여 애써 달려나가기도 했지만, 머뭇거리거나 멈추기도 했고, 때로는 정반대 방향으로 나아가기도 했습니다!

어린 시절, 내가 다니던 교회에서는 "내게 있는 모든 것을"이란 찬송을 부르며 폐회하였습니다. 나는 이 찬송을 열정적으로 마음을 다하여 불렀습니다. 그러나 가사가 무엇을 의미하는지는 전혀 이해하지 못했습니다. "모든" 것을 드린다는 말이 어떤 의미인지를 처음으로 조금이나마 이해하기 시작했던 때를 결코 잊지 못합니다.

우리가 다니던 조그만 교회에 와서 말씀을 전하던 선교사들은 항상 우리 가족과 함께 지냈습니다. 우리 집은 지은 지 한 세기 가까이 된 집으로 커다란 흰색 기둥과 경사진 마루가 있었으며, 군데군데 환기창도 있었습니다. 이 집은 오랜 세월 동안 여러 사람들의 안식처가 되었습니다. 대부분의 손님들은 너무나 굉장한 분들이었기 때문에 어린 우리들은 여름철에는 바깥으로 나가서 모기장이 쳐진 2층 베란다에서 자는 것도 개의치 않았습니다. 다른 계절에는 같은 방에서 함께 자기도 했습니다.

내가 열 살 때 방문하신 한 손님은 나의 삶에 큰 영향을 주었습니다. 늘 기쁨이 흘러 넘치는 오십대 후반의 자매님이었는데 참 멋진 분이셨습니다. 웃음소리가 우리 집을 가득 채웠고, 우리들은 귀를 쫑긋 세우고는 자매님의 말을 경청하였습니다. 나는 그 자매님의 왼쪽 손을 빤히 바라보다가 반지를 끼우는 약손가락 끝이 없어진 것을 보고 놀랐던 것을 기억합니다. 그 사연을 듣기 전까지는 궁금증을 풀 수 없었습니다.

"대학을 졸업한 후 나는 학교 선생님이 되었습니다. 32세였을 때, 한 동료 교사와 사랑에 빠지게 되었습니다. 우리는 둘 다 하나님을 사랑했고, 하나님께서 우리가 하나님께 그리고 우리 서로에게 약속하기를 원하신다고 느꼈습니다. 우리 가운데 한 사람만 선교지로 부르심을 받고 다른 사람은 부르시지 않으면 약혼을 취소하기로 약속하는 것입니다."

그 자매님의 이야기를 들으며 내 눈은 휘둥그래졌습니다. 무엇보다도 나는 결혼해서 가정을 꾸리기를 원했는데, 그런 헌신을 하는 것은 꿈에도 생각하지 못했던 것이기 때문이었습니다. 자매님은 이야기를 계속했습니다. "약혼한 지 얼마 되지 않아 하나님께서는 바로 나를 선교지로 부르셨습니다. 그러나 하나님께서는 내 약혼자는 부르지 않으셨습니다. 그래서 우리는 내키지는 않았지만 약혼을 취소하고 나는 인도로 갈 준비를 하였습니다."

그 자매님은 나를 바라보며 미소를 지었습니다. 아마도 내 눈에 가득한 두려움을 눈치챘던 모양입니다. 그리고는 부드럽게 말을 이었습니다. "나는 그 결정 때문에 후회한 적이 한 차례도 없습니다. 나는 인도에 있는 한 여학교의 책임자가 되었습니다. 어느 날 저녁, 학생 중의 한 사람이 귀신에 붙들리게 되어 우물로 달려가 자살하려고 뛰어들었습니다. 나는 사무실 창 밖으로 그 학생을 보고는 놀라 달려갔습니다. 그러나 그 학생은 사람의 힘으로는 막을 도리가 없었습니다. 나는 주님께 부르짖으며 자살하려는 그 학생을 멈출 수 있는 힘을 달라고 기도하였습니다. 하나님께서는 응답하셨습니다. 그러나 서로 다투다가 그 학생은 내 손가락 끝을 물어뜯었습니다."

자매님은 손가락을 내어 보이며 이야기를 이어 갔습니다. "여러 사람이 동원되어서야 그 학생을 다시 안으로 끌어들일 수 있었고, 거기서 우리는 그 학생을 위해 기도하였습니다. 그 학생을 붙든 귀신을 꾸짖자, 결국 귀신은 떠나갔습니다. 며칠 뒤에 그 어린 학생은 그리스도를 영접하였습니다."

손님이 떠난 후 며칠 동안 이 이야기에 대하여 깊이 생각하였습니다. 내게는 그 자매님이 가장 커다란 희생을 했다고 생각되었습니다. 외국으로 나가 하나님과 다른 사람들을 섬기기 위하여 자기가 가장 사랑하는 사람을 드린 것입니다. 그럼에도 그 자매님은 만족과 기쁨의 모습이 역력하였습니다. 내가 만났던 그 어떤 사람들보다도 더 만족하고 기뻐했던 것입니다. 얼굴에는 주님의 기쁨이 넘쳐 났기 때문에 그 자매님에 대하여 안됐다는 느낌을 가질 수 없었습니다.

그리고 그곳에서 나는 하나님께서 만약 내가 독신으로 지내기 원하신다면 기꺼이 그렇게 하겠다고 말씀드렸습니다. 진정이었습니다. 그러다가 약 10년 뒤에 잭을 만났습니다. 우리는 사랑하게 되었고 약혼을 했습니다. 그러나 대학 생활의 압력 때문에 우리의 관계는 어려움에 빠지게 되었고, 어느 날 저녁 잭은 나를 더 이상 사랑할 자신이 없다고 말했습니다.

잭은 약혼 반지를 돌려주고 싶었던 것은 아니었습니다. 그러나 나는 반지뿐만 아니라 편지, 스웨터, 축구공 모양 장식편, 그리고 잭이 내게 주었던 다른 것들도 돌려주었습니다. 그리고 주말에는 집으로 도망을 쳤습니다. 잭은 이를 견딜 수 없었습니다. 그래서 차를 빌려 집까지 나를 따라와 다시금 반지를 끼자고 간청했습니다. 그러나 얼마 안 가서 다시금 확신이 흔들렸고 재차 약혼을 취소하였습니다. (우리는 그때 사랑은 감정이 아니라는 사실을 배워야 했습니다.) 다시 한 번 나는 집으로 떠나 사랑스런 가족들에게 위로를 구했습니다. 그리고 잭과 나는 다시 교제를 시작하게 되었습니다.

세 번째 약혼을 취소했을 때 나는 당황했을 뿐만 아니라 마음이 아팠습니다. 나는 하나님께 간절히 기도하며 우리의 관계를 회복시켜 달라고 구했습니다. 그러나 내가 드리는 기도는 기숙사 방의 천장에 부딪혀 다시 내게로 돌아오는 것 같았습니다. 하나님의 임재하심을 전혀 느낄 수 없었습니다. 나는 미칠 지경이었습니다. 기도하면 할수록 마치 하늘은 놋쇠처럼 느껴졌고, 도저히 통과할 수 없는 것 같았습니다.

나는 멈추고 기도하면서 내 마음을 살펴보았습니다. 하나님께 통찰력을 주시도록 기도하였습니다. 그제야 상황에 대한 선명한 파악을 할 수 있었습니다. 내 생애 동안 하나님께서 내가 독신으로 살기를 원하신다면 그렇게 하겠다고 말씀드렸지만 나는 정반대로 행동했던 것입니다. 나는 더 이상 독신으로 살기 원하지 않았던 것입니다. 나는 결혼을 원했습니다. 그리고 다른 누구가 아니라 바로 잭과의 결혼이었습니다.

내 마음 깊숙한 곳을 살펴보면서, 나는 하나님을 의뢰하는 대신 잭을 의뢰하게 되었다는 것을 깨닫게 되었습니다. 나는 아버지 하나님 앞에서 울음을 터뜨렸습니다. 마침내 나는 하나님의 음성을 들을 수 있었습니다. "캐롤, 네 삶을 위해 내가 준비한 가장 좋은 것을 받기 원하느냐?"

나는 대답했습니다. "물론입니다, 주님. 그리고 분명 잭은 주님께서 준비한 가장 좋은 것입니다."

주님께서 다시 말씀하셨습니다. "캐롤, 만약 내가 잭을 가장 좋다고 생각하지 않는다면, 너는 어떻게 하겠느냐?"

나는 항변하였습니다. "주님, 어떻게 잭을 가장 좋다고 생각지 않을 수 있습니까? 결국 우리를 만나게 하신 것은 주님이시지 않습니까? 주님께서 우리가 사랑에 빠지도록 하셨습니다. 주님께서 우리가 약혼하도록 인도하셨습니다."

하나님께서는 잠잠하셨습니다. 그러나 다시금 온유하게 말씀을 시작하셨습니다. "사랑하는 얘야, 나는 너를 사랑하며 그 사랑은 영원히 끊어지지 않는다. 나는 너를 사랑하기 때문에 네 삶의 모든 영역에서 가장 좋은 것을 네가 가지기를 원한다. 그리고 나는 너를 질투할 정도로 사랑하기 때문에 다른 누구에게 네 사랑을 빼앗기고 싶지 않단다."

눈물이 흐르기 시작했습니다. 주님의 말씀을 생각하면서 크게 갈등하였지만 결국 나는 굴복하게 되었습니다. "아버지, 내 삶의 보좌를 주님 외에는 다른 아무에게도 주고 싶지 않습니다. 나는 주님께서 내게 가장 좋은 것이 무엇인지 알고 계신다고 믿습니다. 잭과 결혼하는 것이 주님께서 준비하신 가장 좋은 것이 아니라고는 도저히 상상하기가 힘듭니다. 그러나 주님께서는 모든 것을 알고 계십니다. 그리고 만약 잭과 결혼하는 것이 주님께서 준비한 최고가 아니라면, 또한 만약 그것이 차선이거나 혹은 이에도 미치지 못하는 것이라면 포기하도록 하겠습니다. 그리고 물론 주님께서 남은 내 생애 동안 독신으로 살기 원하신다면 기꺼이 그렇게 하겠습니다."

그날 아침 기도하면서 하늘이 열리고 성령께서 내 마음과 영혼을 기쁨과 평안으로 가득 채우시는 것을 경험할 수 있었습니다.

몇 달이 지나서 하나님께서는 잭과 내가 다시 교제를 시작하도록 하셨습니다. 그리고 또 한 해가 지나서 우리는 예배당에 함께 서서 "예"라고 서약했습니다. 그러나 그 모든 과정에서 내 마음에는 하나님의 기쁨이 계속 가득 찼습니다.

이 영역에서 하나님의 뜻에 내 뜻을 굴복한 것은 내 삶에서 가장 격렬한 전투 가운데 하나였습니다. 그것은 커다란 의미가 담긴 "예"였습니다. 그리고 그때 느꼈던 것과 같은 기쁨은 내 생의 다른 모든 영역에서 굴복할 때마다 함께하였습니다.

> 너는 다른 신에게 절하지 말라.
> 여호와는 질투라 이름하는 질투의 하나님임이니라.
> 출애굽기 34:14

제 26 장

"나를 위해 하라"

순 종

남편이 큰 교회의 부목사 겸 청년부 책임자가 되었을 때 나는 내가 기여할 것에 뭐가 있는지 살펴보았습니다. 나는 8-11세 아이들 그룹을 좋아했습니다. 그런데 이 그룹 아이들의 출석률이 저조했기 때문에 이 프로그램에 함께하여 사역을 하는 것이 좋겠다고 결심하였습니다. 그리고 열심히 일했습니다! 기독교 교육 전공에서 배운 모든 지식을 다 활용하였습니다. 여러 시간에 걸쳐 계획을 세우고 아이들을 모으며 열심히 일했습니다.… 얼마 안 가서 사역은 번창했습니다. 열심 있는 아이들이 매 주일 아침에 모여들어 50명이나 되었습니다. 나는 스스로 대견하다고 생각했습니다.

그 교회에서는 몇 주에 한 차례씩 성찬식을 가졌습니다. 나는 '우리 애'들도 참여해야만 한다고 생각했습니다. 목사님께 말씀을 드렸고 승낙을 얻었습니다. 4주에 걸쳐 아이들과 함께 성찬식의 의미에 대하여 공부를 하였습니다. 공부를 마쳤을 때 성찬식에 참석하는 대부분의 어른들보다도 이 아이들이 그 의미를 더 잘 알고 있다고 생각하였습니다.

드디어 그날이 왔습니다. 그리스도를 마음에 영접하는 기도를 한 아이들 중에서 성찬식 참석을 원하는 모든 아이들은 모임을 마친 후에 예배당으로 가서 특별히 마련된 자리에 앉았습니다. 성찬식에 참여하는 것은 우리 모두에게 특별한 의미가 있는 경험이었습니다.

그 다음주에 목사님 방으로 들르라는 요청을 받았습니다. 목사님이 먼저 내게 대화를 청했다는 사실 때문에 기분이 좋아 신이 나서 방으로 들어갔습니다. 그러나 잠시 대화를 나눈 후 목사님은 심각해졌고 목소리를 가다듬은 뒤 이렇게 말했습니다. "캐롤 선생님, 부모들한테 전화를 몇 통 받았는데, 아이들을 인도하는 방식에 대해 불평하는 내용이었습니다."

나는 움츠러들었습니다. "뭐 잘못한 게 있나요?" 걱정스럽게 물었습니다.

"몇몇 부모들은 자기들에게 묻지도 않고 아이들을 성찬식에 참석시킨 것에 대하여 좋지 않게 생각하고 있습니다"라고 목사님은 답변했습니다. "그 부모들은 아이들의 첫 번째 성찬식은 가족과 함께 참석하기를 원했습니다. 그리고 당신이 행한 것은 선을 넘은 것이라고 생각했습니다."

어안이 벙벙하여 나는 몇 마디 사과의 말을 하고는 황급히 그 자리를 나왔습니다. 홀로 걸어가면서 분노와 원망이 마음속에 소용돌이치는 것이 느껴졌습니다. 내 속에서는 목사님과 부모들을 향하여 다음과 같은 말이 쏟아져 나왔습니다. "좋습니다. 그만두기로 하겠습니다! 당신들도 알다시피 나는 이 일을 하지 않아도 되었습니다. 아무런 보수도 받지 않았습니다. 열심히 일했고, 아이들은 교회에 오는 것을 좋아하게 되었습니다. 나는 최선을 다했습니다. 만약 당신들이 이것을 원하지 않는다면 나는 그만두겠습니다! 아이들이 별로 열심을 내지 않는, 이전으로 돌아가십시오. 그리고 당신들이 원하는 대로 마음껏 하십시오!"

다음날 아침 하나님과 교제를 하기 위해 앉았을 때에도 나는 여전히 분노를 삭이지 못하고 있었습니다. 그러나 그 순간 하나님께서는 내게 말씀하셨습니다. "캐롤, 네가 잘못되었다는 것을 너도 알고 있다. 부모들의 동의를 구했어야 옳았다." 하나님께서는 내 마음에 속삭여 주셨습니다.

나는 얼버무렸습니다. "맞습니다. 그것에 대하여 생각조차 하지 않았다는 것을 시인합니다. 마땅히 알렸어야 한다는 생각은 듭니다."

"한 가지가 더 있다." 하나님께서는 굽히지 않으셨습니다. "내게 말해 보아라. 왜 아이들을 그렇게 열심히 도왔지?"

"물론 아이들을 도와주고 싶었기 때문입니다"라고 대답했습니다.

"좋다." 아버지 하나님께서는 온유하게 말씀을 이으셨습니다. "그러나 그것만으로는 충분하지 않다."

나는 설명을 덧붙였습니다. "나는 그리스도의 몸 된 교회를 섬기고 싶었습니다."

"그것도 좋다." 하나님께서는 다시 말씀하셨습니다. "그러나 그것만으로는 충분하지 않다."

"그렇다면… 또한 남편을 위해 그 일을 했습니다. 남편이 일을 잘 수행하도록 돕는 것입니다."

"좋다. 그러나 아직 충분하지 않다."

"좋습니다, 주님." 나는 한숨을 지었습니다. "무엇이면 충분합니까?"

"나를 위해 그 일을 해야만 한다."

그때 나는 골로새서 3:23을 기억했습니다. "무슨 일을 하든지 마음을 다하여 주께 하듯 하고 사람에게 하듯 하지 말라."

그렇구나!

하나님께서는 이 구절을 지속적으로 사용하셔서 나의 동기를 점검하셨습니다. 내가 최선을 다했지만 아무런 칭찬이나 인정도 받지 못할 때, 혹은 다른 사람에게서 비난을 받고 이에 대하여 부당하다고 열변을 토할 때, 나는 다시금 이 구절에 순종하지 못했다는 것을 깨닫습니다. 올바른 일을 했지만 그릇된 동기로 그릇된 대상을 위해 행한 것입니다.

몇 년 뒤에(그 사이에 여러 가지 일이 기억납니다) 하나님께서는 내 사고 방식 가운데 있는 또 다른 주름을 펴주셨습니다. 우리는 새로운 집으로 이사를 하려던 참이었습니다. 그 집은 우리의 필요에 맞고 그 당시의 재정 형편으로 감당할 수 있는 유일한 집이었습니다. 그 집은 스튜디오로 쓰이는 작은 방으로 둘러싸여 있었습니다. 우리가 이사하기 바로 전날 주인은 스튜디오를 모텔로 바꾸고 그 집에 세든 사람이 모텔을 관리하도록 하는 결정을 내렸습니다. 그런데 그 일을 내가 하게 된 것입니다! (다른 사람들은 모두 나보다 더 중요한 다른 책임이 있었습니다.)

일하던 청소부는 얼마 안 가서 그만두었습니다. 그리고 나는 24시간 내내 예약을 받는 사람을 고용할 책임을 지게 되었을 뿐만 아니라, 그 방들과 방에 있는 화장실을 직접 청소하는 일까지 하게 되었습니다. 다른 사람의 화장실을 청소하는 일보다 더 하기 싫은 일은 내게 없었습니다.

솔로 북북 문대면서 나는 불평을 늘어놓았습니다. "주님, 아시다시피 나는 주님의 나라를 위해 훨씬 더 유익한 일을 할 수 있는 사람입니다. 자매 성경공부도 인도할 수 있고, 사람들에게 주님을 전파할 수도 있으며, 주일 학교에서 아이들도 가르칠 수 있습니다. 그리고…"

주님께서 개입하셨습니다. "캐롤, 이 일을 하도록 내가 명했다면 너는 나를 위해 이 일을 해야만 한다. 그리고 실제로 이 일은 내가 명했다. 네가 무엇을 하든 내게 하듯 마음을 다하여 하라고 명했다."

"이런 일까지요?"

"얘야, 이 일도 마찬가지다."

갑자기 지겨운 일이 전혀 지겹지 않았습니다. 하나님께서는 화장실을 솔로 문대는 일도 주님을 위한 일이 될 수 있다고 확신을 심어 주셨습니다. 부엌 바닥도 솔로 문대고, 쓰레기도 치우고, 사람들을 공항까지 태워다 줄 수 있으며, 그리고 모텔 화장실 청소까지 할 수 있습니다. 모든 것이 주님을 위해서입니다.

하나님의 교훈은 거기서 끝나지 않았습니다. 여러 가지 수준에서 여러 차례에 걸쳐 지속되었습니다. '이상한 나라의 앨리스'라는 동화에서 여왕은 앨리스에게 이렇게 말했습니다.

"그 자리를 유지하기 위해서는 있는 힘을 다해 달려야 한단다." 때로 나도 이런 느낌을 받을 때가 있습니다. 그러나 비록 느리기는 하지만, 나는 사람들을 기쁘게 하려는 동기로 해서는 안 된다는 것을 조금씩 배우고 있습니다. 나는 살아 계신 하나님을 위하여 힘써야 하는 것입니다. 나 또한 이를 원하고 있습니다.

> 그의 계명들을 지키는 자는 주 안에 거하고
> 주는 저 안에 거하시나니.
> 요한일서 3:24

제 27 장

내 분깃과 내 잔

순 종

성경을 읽고 있는데, 마치 하나님께서 당신의 양어깨를 잡으시며, 얼굴을 똑바로 바라보시고는 "이것을 기록해라!"라고 말씀하시는 것처럼 생각되는 경우가 있었습니까? 나는 시편 16:5을 읽다가 그런 경험을 했습니다. "여호와는 나의 산업과 나의 잔의 소득이시니 나의 분깃을 지키시나이다."

여러 날 동안 이 구절을 묵상했습니다. "내 잔과 내 분깃"은 이미 내게 주어졌습니다. 모태에서 내가 조성되기 전, 영원 전부터 하나님께서는 내 잔과 내 분깃을 주셨습니다.

내 "분깃"은 내가 어떻게 할 수 없는 것들로 구성되어 있습니다. 미국 중부 지방의 중간 크기 도시에 사는 중류층 가정의 가운데 아이로 태어나는 것에 대하여 내가 선택한 것은 하나도 없습니다. 내 키가 160cm가 되며, 갈색 머리에 파란 눈, 교정해야 하는 치아를 가지게 된 것에 대해서도 나는 선택할 수 없었습니다. 건강한 몸과 평범한 재능을 갖게 되었으며, 운동에는 소질이 별로 없고, 크기는 하지만 아름답지는 않은 목소리를 갖게 된 것도 내가 결정한 것이 아닙니다. 높은 도덕 수준과 하나님께 대한 사랑을 가진 집에 태어나는 축복을 누린 것에 대해서도 나는 아무런 선택권이 없습니다. 내 분깃으로 말미암아 감사할 것도 많지만, 나는 내 인생에 대하여 선택한 것이 하나도 없었습니다. 이런 모든 환경은 나의 창조주께서 내게 주신 것입니다.

하나님께서는 또한 내가 마셔야 할 "잔"도 주셨습니다. 행복하든 슬프든 내 인생의 여러 경험을 다 가리키는 말입니다. 백혈병으로 동생과 아버지를 잃은 것, 점점 분별력을 잃어 가신 할머니와 함께 살았던 것, 자녀를 하나밖에 가질 수 없어서 슬퍼했던 것 등이 내 슬픔의 잔에 들어 있습니다. 또한 내 잔에는 놀라운 기쁨도 들어 있습니다. 사랑스런 남편, 명랑한 딸, 훌륭한 사위, 멋진 손자와 손녀, 그리고 남편과 내가 열심을 내는 사역 등이 있습니다.

내가 내 분깃과 내 잔을 선택하지 않았지만, 이것에 어떻게 반응하는가는 내가 선택할 수 있습니다. 나는 건강한 몸을 받았지만 게으름과 나쁜 습관과 마약과 과로로 몸을 망치게 할 수도 있습니다. 평범한 내 자신을 원망하는 마음도 가질 수 있습니다. 내 외모와 재능 없음과 처한 위치를 싫어할 수도 있습니다. 나는 슬픔의 잔과 기쁨의 잔을 동시에 받아들이거나 아니면 하나님께서 내게 주시고자 하시는 교훈과 경험을 거부할 수도 있습니다. 예수님께서는 베드로에게 하신 말씀을 통해서 내게 본을 보여 주셨습니다. "아버지께서 주신 잔을 내가 마시지 아니하겠느냐?"(요한복음 18:11).

　때로 내 잔을 받아들이는 것이 고통스럽기도 합니다. 여동생이 큰 고통 가운데 서서히 목숨을 잃어 갈 때, 나는 두려워서 이를 생각하기조차 싫어했습니다. 만약 울기 시작하면 절대로 멈추지 못하고 결국에는 완전히 무너질 것이라는 두려움 때문이었습니다. 동생을 잃는 고통과 슬픔에 내가 완전히 압도될 것이 두려웠습니다. 그런데 그때 하나님께서는 '슬픔을 낭비하지 말라'라는 책의 제목을 통해 내 주의를 환기시켜 주셨습니다. 나는 하나님께서 내게 주신 슬픔을 받아들이기를 거부하고 있다는 것을 깨달았습니다. 그리고 거부하기 때문에 슬픔을 통해 제대로 배우지 못하고 있다는 것도 깨달았습니다. 그날 나는 이렇게 말씀드렸습니다. "좋습니다, 주님. 이곳에 앉아서 생각하며 울고 슬퍼하겠습니다. 주님께서는 이 잔을 주셨습니다. 그것을 낭비하지 않도록 하소서."

　얼마 동안은 슬픔이 너무나도 컸습니다. 그러나 내가 주님 앞에서 울고 부르짖을 때 내 슬픔은 하나님의 평강 및 위로와 융합되기 시작했습니다. 나는 우려했던 대로 절망 상태에 빠지지는 않았습니다. 오히려 하나님께서는 내 영혼을 새롭게 하시고 새 힘을 주셨습니다.

　한 부부가 그들이 겪은 끔찍한 재앙에 대하여 우리에게 나누었습니다. 눈에 넣어도 아프지 않을 것 같은 외아들이 있었는데 사관학교에 들어가기 바로 전에 트랙터 사고로 목숨을 잃었습니다. 그 사건이 터진 후 한 해가 지나고 나서 그들과 대화를 나누었는데, 그들의 결혼 생활이 어려움에 처해 있다는 것을 알 수 있었습니다. 그러나 그들의 결혼 생활을 파괴하고 있던 것은 아들의 죽음이 아니었습니다. 남편이 이 사건에 대하여 전혀 대화를 하지 않으려 했기 때문이었습니다. 위로하려고 하거나 위로를 받으려고도 하지 않았습니다.

아내가 우리 부부에게 말하고 있는 동안, 남편은 팔짱을 끼고 모든 것을 체념한 듯한 태도로 앉아 있었습니다. 우리와 아내에게서는 살짝 떨어져 기대고 있었습니다. 그의 태도는 이렇게 말하고 있었습니다. "나는 이 대화에 끼고 싶지 않습니다!" 자기의 슬픔을 부인하는 동안 그에게는 다른 사람이 다가갈 수 없는 감정적 벽이 생겼습니다. 그리고 그의 아내는 버림을 받고 혼자가 된 느낌이었습니다. 그 사람은 자기의 슬픔의 잔을 받아들이기를 거부했습니다. 그리고 이렇게 함으로써 주님께서 주시는 회복의 즐거움에서 솟아나는 생명수를 막고 있었던 것입니다.

이 세상에는 자기의 분깃과 잔을 포함하여 모든 것을 하나님께 굴복하고 나서 다시는 미련을 두지 않는 사람들도 있을 것입니다. 그러나 우리들 대부분은 부분적으로밖에 굴복하지 않습니다. 심지어 우리가 "주님, 어디서든, 언제든, 무엇이든 하겠습니다"라고 말하지만, 우리는 "무엇이" 다가오면 뒤로 움츠러들 때가 있습니다.

친구 여러분, 당신이 아직 굴복하지 않은 것은 무엇입니까? 당신의 분깃에 대하여 원망하고 있습니까? 아니면 하나님께서 당신에게 마시라고 명하신 잔에 대하여 화를 내고 있습니까? 만약 그렇다면 당신의 기쁨은 새고 있으며, 아마도 거의 메말라 있을 것입니다.

하나님께 순종하기 위하여 당신은 반드시 하나님의 뜻에 굴복해야만 합니다. 하나님의 뜻에 굴복하려면 일단 하나님의 뜻을 받아들여야 합니다. 당신에게 주어진 분깃과 잔을 받아들이는 것이 포함될 것입니다. 그러므로 당신의 분깃을 죽 살펴보십시오. 당신의 배경, 개성, 가족, 외모, 은사, 재능 등을 살펴본 후에 이를 당신에게 주신 주님께 모든 것을 드리십시오. 그 다음에는 당신의 잔을 생각해 보십시오. 당신의 삶에 있는 슬픔과 기쁨을 살펴본 후에 당신이 잔을 모두 마시겠다고 주님께 말씀드리십시오. 그리고 이를 환영하기까지 하십시오. 또한 잔에 담고 있는 것을 통해 배우십시오.

받아들이고 굴복하고 순종하는 것이 쉽다고 말한 사람은 아무도 없습니다. 그러나 내 삶을 죽 살펴보고 아버지 하나님께 "좋습니다, 절대주권을 가지신 주님. 좋은 것뿐만 아니라 어려운 것도 기쁨으로 받아들이겠습니다. 주님께 전심으로 순종하겠습니다. 내 모든 나날과 순간을 모두 주님의 뜻에 굴복하겠습니다"라고 말씀드리면, 기쁨의 깃발이 내 마음의 성에서 높이 휘날리는 것을 발견하게 됩니다.

> 나 여호와가 말하노라.
> 너희를 향한 나의 생각은 내가 아나니
> 재앙이 아니라 곧 평안이요
> 너희 장래에 소망을 주려 하는 생각이라.
> 예레미야 29:11

제 28 장

당신은 누구를 섬깁니까?

순 종

남편은 거실에서 즐겨 사용하던 의자에 털썩 주저앉았습니다. 얼굴에는 실망의 빛이 역력했습니다. 한숨을 짓고는 이렇게 말했습니다. "오늘 나는 왜 내가 이 일을 하면서 갈등하고 실망하는지를 깨닫게 되었소. 현재 내가 하고 있는 일을 분석한 결과 내 일의 80퍼센트는 하나님께서 내게 주신 은사 밖의 일임을 발견하게 되었소. 나는 그 일을 할 수는 있지만 즐기지는 못하고 있는 것이오. 사임서를 제출할까 생각 중이오."

그 다음날 남편은 그렇게 했습니다.

그러나 그날 저녁 남편은 잠을 이루지 못했고, 밤새 기도하며 성경을 읽었습니다. 다음날 아침 내게 이렇게 말했습니다. "내가 틀렸다고 책임자에게 말해야만 할 것 같소. 현재 평강이 전혀 없는데, 사임을 하지 말아야 했던 것 같소."

놀랍게도 그 다음 여러 주 동안 남편의 태도는 완전히 바뀌었습니다. 맡은 일이 바뀌지는 않았습니다. 그러나 남편은 자기의 은사 바깥의 일을 맡으면서도 즐거움을 누리게 되었습니다. 이 일을 하면서 하나님을 섬기는 것이 하나님께 순종하는 것임을 깨달았기 때문입니다.

많은 사람들이 그리스도인들은 자기의 영적 은사를 파악하여 어떻게 섬길 것인가를 결정해야 한다고 말합니다. 그리고 우리가 은사를 받은 영역에서 섬길 때에 가장 효과적(최소의 노력을 들이면서 실망도 최소화시킨다)이라고 말합니다. 물론 맞는 말이기는 합니다. 그러나 교묘하고도 위험한 부분도 있음을 알아야 합니다. 하나님께서는 모든 그리스도인들에게 각자 그리스도의 몸을 위하여 구체적으로 섬길 수 있도록 독특한 은사를 주셨습니다. 그러나 우리가 '그것만이 우리가 섬길 수 있는 유일한 길'이라고 생각한다면 우리는 하나님께서 하나님의 목적을 위하여 우리를 사용하시는 것을 제한시키는 위험에 빠지게 됩니다.

때로 하나님께서는 우리에게 우리 은사 밖의 영역에서 섬기도록 명하십니다. 아니면 적어도 내 은사가 아니라고 생각하는 영역에서 섬기는 경우도 생깁니다. 바로 이 시점에서 하나님께서는 "내가 요구하는 어떤 영역에서도 나를 섬기기를 원하느냐?"라고 물으십니다. 내가 "예"라고 하면, 그때부터 나는 완전히 하나님을 의뢰해야만 합니다. 그 어느 때보다도 더 하나님을 절대적으로 의뢰해야 한다는 것을 깨닫습니다.

나는 행정의 은사는 없습니다. 그러나 나는 몇 차례 자매 수양회의 총책임을 맡은 적이 있습니다. 당신도 내가 부족한 영역에 대해 은사를 가지고 있는 몇몇 사람들의 도움을 청했으리라 짐작할 수 있을 것입니다. 물론 도움을 받기는 했지만, 수양회를 인도하면서 나는 모든 세부적인 영역에 대해서 새로운 방식으로 하나님을 의뢰해야 했기 때문에 극도로 긴장해야 했습니다.

나는 요리를 잘하는 편이 못되는데(이것은 내가 옆에서 거드는 은사를 가졌기 때문일까요?), 150명도 넘는 사람이 참석하는 몇 차례의 주말 수양회에서 음식을 준비해야 했습니다. 이를 감당하기 위해 이틀 밤을 새워 일했던 기억이 납니다. 끝이 났을 때 나는 그대로 주저앉았습니다.

어떤 사람은 외적으로 드러나는 은사로 섬기는 반면, 드러나지 않는 방식으로 섬기는 사람들도 있습니다. 양쪽 모두 그 나름대로의 갈등이 있습니다. 나는 룻 콜킨이 쓴 글에 동의합니다.

주님,
밝은 불빛 아래서 주님을 섬길 때
얼마나 신이 나서 열정적으로 섬기는지
주님께서는 아십니다.
자매들 모임에서 얼마나 열심히 주님을 전하는지
주님께서는 아십니다.
교제를 인도할 때 얼마나 활기 있게 임하는지
주님께서는 아십니다.
성경공부를 할 때 얼마나 진지한 열정으로 임하는지
주님께서는 아십니다.

그러나,
물이 담긴 대야를 가리키면서
등이 굽고 주름이 깊게 패인 노인의
더럽혀진 발을 씻어 주라고 명하실 때,
그것도
아무도 보지 않고
아무도 알아주지 않는 방에서
날마다, 달마다 씻으라고 하실 때
내가 어떻게 반응할지 자신이 없습니다.

나는 계획하고, 장식하고, 백여 가지나 되는 항목에 대하여 '꼼꼼하게 생각하는 것' 등 수양회를 위한 모든 어렵고 힘든 일을 마친 다음에 자매들 모임에서 말씀을 전하는 것을 즐깁니다. 그러나 사람들 앞에 서야 하는 일이 있으면 크게 두려워하는 사람들이 있습니다. 그들은 뒤에서 섬기는 것을 더 좋아합니다.

룻은 내가 아는 가장 귀한 사람들 가운데 한 명입니다. 소그룹 성경공부를 탁월하게 인도할 줄 알며, 그 그룹에 속한 자매들은 룻을 매우 사랑합니다. 그러나 우리가 룻에게 많은 사람들이 모이는 장소에서 간증을 나누도록 요청했을 때 즉시로 거절하였습니다.

우리는 다시금 기도하며 생각해 보도록 강권하였습니다. 한 주 뒤에, 룻은 내게 전화를 걸어 이렇게 말했습니다. "나는 두려워 죽을 지경입니다. 그러나 주님께서는 내가 그렇게 하기를 원하신다는 느낌이 듭니다." 그 다음 한 달 동안 룻은 기도

하며 준비했습니다. 룻에게는 참으로 힘든 기간이었습니다. 잘 먹지도 못하고 잠도 자지 못하였으며, 사람들 앞에서 말하는 것 외에는 다른 것에 전혀 신경을 쓸 수 없었습니다. 그리고 일어나서 간증을 나눌 때가 되었을 때는 겁에 질려 있었습니다.

그러나 물론 룻이 알고 있던 모든 사람들은 룻을 위해 기도하고 있었습니다. 룻의 간증을 들은 많은 사람들이 마음에 깊은 감동을 받았습니다. 그 결과로 룻은 많은 사람들 앞에서 계속 간증을 나누도록 요청을 받았습니다. 매번 룻은 속으로는 죽을 지경이었지만, 주님께서는 룻을 사용하셔서 많은 사람들에게 나아가셨습니다. 그러나 룻이 자원한 적은 한 차례도 없었습니다!

룻은 왜 즐기지 않는 것을 했습니까? 하나님께서 그렇게 하라고 명하셨기 때문입니다. 그 외에 다른 이유가 또 필요하겠습니까?

우리가 평안을 느끼는 영역 외의 것을 요청받을 때 우리는 즉시로 거절해서는 안 됩니다. 대신에 이 기회에 대하여 기도해 보아야 합니다. 하나님께서 우리에게 하기를 원하시는 것인지 기도로 여쭤 보아야 합니다. 아마도 하나님께서 이렇게 속삭이시는 것을 들을 수도 있을 것입니다. "내 사랑하는 자여, 그 일을 해라. 내가 네 안에서 역사할 것을 신뢰해라. 그리고 기억해야 할 것이 있다. 바로 네가 나를 위해서 그 일을 한다는 것이다!"

무슨 일을 하든지 마음을 다하여 주께 하듯 하고
사람에게 하듯 하지 말라.
이는 유업의 상을 주께 받을 줄 앎이니
너희는 주 그리스도를 섬기느니라.
골로새서 3:23-24

제 29 장

당신을 살피시는 하나님

순 종

눈물이 흘러내려 바닥을 적시기 시작했습니다. 모래 위에 누운 채 계속 눈물을 흘렸습니다. 하갈은 절망에 빠졌습니다. 나는 이제 꼼짝없이 죽는구나. 그래도 아무도 나를 찾지 않을 거야.

지난 수개월 전으로 생각이 거슬러 올라갔습니다. 아브라함의 집에 종으로 팔려가서 겪었던 서러움이 기억났습니다. 아무런 권리도 없고, 말도 제대로 못하고, 자기 삶이라곤 하나도 없는 하찮은 존재였습니다.

하나님께서는 늙은 아브라함과 그의 아내 사라에게 아들을 약속하셨습니다. 세월이 흘러도 아들이 생기지 않자 사라는 자기 손으로 문제를 해결하려고 했습니다. "여보, 내 종 하갈과 동침하세요. 아마도 당신을 위해 아이를 낳아 줄 거예요"라고 사라는 말했습니다. 아브라함은 이를 따랐고 하갈은 아이를 갖게 되었습니다.

그러나 그들이 살던 장막에는 기쁨이 사라졌습니다! 사라는 하갈이 자기를 '멸시한다'고 생각하고는 아브라함에게 불평을 늘어놓았습니다. 모든 불행한 상황에 대하여 아브라함에게 책임을 돌린 것입니다. "당신이 원하는 대로 하시오"라고 아브라함은 사라에게 말했습니다.

사라가 자기에게 가한 신체적, 언어적 폭력에 대하여 생각하면서 하갈은 몸서리를 쳤습니다. 결국 하갈은 마지막으로 선택할 수 있는 길은 도망치는 것이라고 생각했습니다. 비록 도망갈 데도 없었고 광야에서 죽을 수밖에 없었음에도 말입니다. 하갈은 있는 힘을 다하여 달렸습니다. 그리고는 사막 한 가운데 있는 한 샘 곁에 쓰러졌습니다. 눈물만 흘렸습니다. 하갈은 생각했습니다. 나는 아이를 가졌지만 이제는 혼자다. 내가 어디에 있는지 아무도 모른다. 그리고 아무도 내게 관심을 두지 않는다.

그러나 하갈의 생각은 완전히 틀렸습니다. 하나님께서는 하갈이 정확히 어디에 있는지 알고 계셨고, '주의 천사'(창세기 16장을 보면 하나님 자신임을 알 수 있습니다)를 보내어 하갈에게 말씀하셨습니다. 하나님께서는 하갈에게 "사막에 있는 자여" 혹은 "버림받은 자여" 혹은 "애굽 출신의 종이여"라고 하시지 않았습니다. 대신에 하나님께서는 이름을 부르셨습니다. "사라의 종 하갈아." 마치 하나님께서는 "하갈아, 나는 네가 어디에 있는지 알고 있다. 그리고 네가 누군지도 알고 있다. 나는 너를 잘 알고 있으며, 너를 위해 여기에 있다"라고 말씀하시는 것과 같았습니다.

하나님께서는 하갈에게 두 가지 질문을 하셨습니다. "네가 어디서 오며, 어디로 가느냐?" 하갈은 오직 첫 번째 질문에만 대답할 수 있었습니다. (두 번째 질문에 대해서는 어떻게 대답할지 하갈은 몰랐습니다.) "여주인인 사라를 떠나 도망하고 있는 중입니다." 그러자 하나님께서는 아마도 하갈이 듣고 싶지 않았을 것을 말씀하셨습니다. "네 여주인에게로 돌아가서 복종하라."

돌아가서 복종하라니요?

이럴 수가!

그러나 그때 은혜가 충만하신 아버지이신 우리 하나님께서는 격려와 동시에 약속을 더해 주셨습니다. 하갈이 아들을 낳을 것이라고 약속하시면서, 그 아이에게 "하나님께서 들으신다"는 의미의 이스마엘이라는 이름을 붙이라고 하시며 격려하셨습니다. 하나님의 말씀은 하갈의 마음에 기쁨과 놀라움을 안겨 주었고, 하갈은 "주님은 감찰하시는 하나님이시군요"라고 했습니다(창세기 16:13).

나중에 이스마엘이 자랐을 때, 하갈과 이스마엘은 집에서 쫓겨나게 되었습니다. 다시 한 번 하갈은 아들과 함께 죽게 되었다고 생각했습니다. 그러나 하나님께서는 하갈의 필요를 공급해 주셨고, 방향을 제시하시며 약속을 주셨습니다. 이번에는 하나님께서 떠나라고 말씀하시면서 돌보아 주시겠다고 약속하셨습니다(창세기 21:8-20 참조).

하갈로 인하여 내 마음은 새로워졌습니다! 하나님께서는 하갈이 어려운 상황에 처했을 때 두 차례나 찾아오셨습니다. 하갈은 두려움이 생길 수도 있는 상황에서도 하나님께 순종했습니다. 하갈은 자기의 의지를 굴복하기로 선택하고, 하나님의 계획을 따랐으며, 그 계획의 결과를 받아들였습니다.

여기서 잠깐 멈추어 생각해 보십시오. 당신은 도망가고 싶은 어려운 상황에 직면해 있습니까? 아니면 이미 그런 상황에 처했을 수도 있습니다. 잠깐 시간을 내어 당신이 처한 불가능한 상황을 "당신을 감찰하시는 하나님"께 가져가십시오. 그리고 하나님께 귀를 기울이십시오. 하나님께서는 이렇게 말씀하실지도 모릅니다. "돌아가라. 복종하라. 내가 네 삶에서 역사하기 위하여, 그리고 네가 내 아들의 성품을 더욱 닮아 가도록 하기 위하여 꼭 필요한 상황에 너를 놓아두었다." 혹은 이렇게 말씀하실 수도 있습니다. "이제 떠나라. 내가 너를 보살펴 주겠다."

그러나 이것이 당신의 선택이 아니라 하나님의 선택이어야 합니다.

> 내가 아버지의 계명을 지켜
> 그의 사랑 안에 거하는 것같이
> 너희도 내 계명을 지키면
> 내 사랑 안에 거하리라.
> 요한복음 15:10

제 30 장

하나님께 "예"라고 말씀드림

순 종

남편과 나는 제임스와 바바라 부부를 1980년대 후반에 처음으로 만났습니다. 나이지리아에 있는 그들의 아름다운 집에서 식사를 같이 했습니다. 그 나라에서 그들이 하고 있는 사역을 보는 것은 참으로 즐거운 일이었습니다. 그러나 몇 년 뒤에 한 가지 끔찍한 사건이 일어나 그들의 생을 통째로 바꾸어 놓았습니다.

제임스의 얼굴은 반쪽만 남았습니다. 총탄이 머리를 스치고 지나면서 한쪽이 못쓰게 되었는데, 눈과 귀에 큰 부상을 입었고, 뇌의 일부분도 손상을 입었습니다. 피투성이가 된 채 누워 있는 것이 발견되었습니다. 침입한 약탈자들이 아내에게 폭력을 휘두를 때 절규하는 소리를 듣지 못하였습니다. 약탈자들이 아이들만 제외하고는 집 전체를 강탈하는 것도 알지 못하였습니다. 그는 나이지리아에서 본국인 영국으로 후송되었지만 9일 동안 의식이 없는 상태였습니다. 의사들은 그의 생명을 구하기 위해 모든 노력을 다했습니다.

2년 후에 제임스와 바바라는 그날 저녁에 일어난 일에 대하여 콜로라도스프링스에 모인 몇몇 사람들에게 나누었습니다. 제임스를 바라보면서 나는 눈물을 글썽일 수밖에 없었습니다. 이전에는 잠깐 웃을 때 눈 주위에 주름이 생겼는데, 이제는 오직 얼굴의 한쪽 면만 움직일 수 있었으며, 찡그리는 표정만 드러날 뿐이었습니다. 이전에는 그의 얼굴에 사랑과 관심과 선함과 슬픔이 그대로 표현되었지만, 이제는 한 쪽 눈과 입 주위에 있는 몇 개의 근육만 움직일 뿐이었습니다.

그러나 가끔 말을 멈추며 이야기하는 제임스와 부드러운 목소리로 이야기를 나누는 바바라를 보면서 나는 놀라움을 금치 못했습니다. 쓴뿌리를 품은 기색은 전혀 없었습니다. 오직 용납뿐이었습니다. 증오도 없었습니다. 오직 사랑뿐이었습니다. 원망도 없었고, 오직 용서뿐이었습니다.

그리고 그들의 사역은 번성하였습니다. 전혀 듣지 않았던 사람들이 이제는 듣게 되었습니다. 일그러진 외모를 가지고 있지만 제임스의 입에서는 굴복과 용납과 용서와 사랑의 말이 흘러 나왔는데, 이를 보고 듣지 않을 사람이 어디 있겠습니까?

제임스와 바바라는 그들이 가진 모든 것을 들어 하나님의 손에 올려놓았습니다. 그 끔찍한 밤이 있기 여러 해 전에 두 사람은 자기의 생애, 시간, 사역, 그리고 모든 물질적인 것들을 다 드렸습니다. 이제 그들은 더 커다란 발걸음을 내디뎌야 했습니다. 건강, 외모, 그리고 심지어는 웃는 능력과 사랑하는 사람이 웃는 모습도 포기해야만 했습니다.

하나님께서는 그날 내 마음속 깊이 말씀해 주셨습니다. 나는 아직도 복종과 순종에 대하여 배워야 할 게 참으로 많다는 것이었습니다.

예수님의 어머니인 마리아에게 천사가 와서, 결혼도 하지 않았는데 아이를 낳을 것이라고 말했을 때, 마리아는 이렇게 말했습니다. "주의 계집종이오니 말씀대로 내게 이루어지이다"(누가복음 1:38). 마리아는 "주님께서 원하시는 대로 행하겠다"고 말한 것이 아니라 "주님께서 원하시는 대로 이루어지이다"라고 말했습니다.

잠깐 생각해 봅시다. 남자와 동침한 적이 없는 한 젊은 유대 여인의 모습이 놀랍지 않습니까? 나는 마음속으로 이를 그려 봅니다. 조그만 시골 마을의 어느 평범한 날입니다. 이웃집 마당에서는 나귀의 울음소리가 들리고, 집 바깥 자갈이 깔린 길에서는 샌들 소리가 들립니다. 그런데 갑자기 천사가 나타납니다. 장차 아이를 가지게 될 것이라고 말할 뿐만 아니라 그 아이가 하나님의 아들이라고 했습니다!

마리아의 표정에는 당연히 충격과 놀라움과 혼돈과 기이함이 역력하게 드러납니다. 천사가 말하고 있는 것은 전혀 얼토당토않은 말이기 때문입니다. 그러나 마리아가 머리를 굽히고 동시에 마음을 굴복하면서, 천사에게 세상을 변화시킬 말을 하는 모습을 그려 봅니다. "주의 계집종이오니 말씀대로 내게 이루어지이다."

마리아의 말은 내 삶의 모든 영역에서 도전이 됩니다. 나는 '무엇이든' 받을 준비가 되어 있는가? '누구든?' '언제든?' 심지어는 얼굴 한쪽이 날아가 버릴지라도? 당신은 어떻습니까?

순종은 하나님께 "예"라고 하는 것입니다. 조그만 결정이나 희생에도 "예"라고 하는 것이며, 중대한 선택이어서 뭔가 값을 치러야 할 경우에도 "예"라고 하는 것입니다. 그리고 하나님께 우리의 의지를 굴복할 때 다음과 같이 말하는 것을 배워야 합니다. "아버지 하나님, 진정으로 모든 것을 드리겠나이다.… 모든 것을."

> 또 무리에게 이르시되,
> 아무든지 나를 따라오려거든
> 자기를 부인하고 날마다 제 십자가를 지고
> 나를 좇을 것이니라.…
> 사람이 만일 온 천하를 얻고도
> 자기를 잃든지 빼앗기든지 하면
> 무엇이 유익하리요.
> 누가복음 9:23,25

다시금 기억하기 위하여…

순 종

네이트 세인트는 아우카 인디언 부족에 의해 살해당한 다섯 명의 선교사 가운데 한 명입니다. 그는 "순종이란 순간적인 선택이 아니라 사전에 이루어진 확고한 결단이다"라는 사실을 깨달은 후에야 비로소 삶의 진정한 변화를 경험했다고 기록한 적이 있습니다. 또한 원하는 부분만 선택하여 순종하는 것은 결코 순종이 아니며 단지 편리에 따른 행동일 뿐이라고 말한 사람도 있습니다.

나는 아버지 하나님의 뜻에 나의 뜻을 온전히 굴복하는 것이 순종이라고 생각합니다. 이 성경공부를 시작하기 전에 먼저 주님께 순종하기를, 즉 주님의 뜻에 온전히 굴복하기를 미루고 있는 영역이 당신의 삶에 있는지 보여 달라고 기도하십시오.

1. 당신은 '굴복'을 무엇이라고 정의하겠습니까?

2. 다윗은 아들 솔로몬에게 하나님을 섬기는 것(굴복)과 연관하여 어떤 조언을 했습니까? (역대상 28:9을 참조하십시오.)

3. 신명기 6:5-7에서 모세는 이스라엘 자손들에게 하나님께 어떻게 하라고 말했습니까?

4. 제자들에게 예수님께서는 순종과 연관하여 어떤 명령을 주셨습니까?
   누가복음 9:23-25

   마태복음 10:37-39

5. 하나님께 진정으로 굴복하는 본을 보인 인물은 누구입니까? 다음 구절을 당신 자신의 말로 써보십시오.
   히브리서 10:7,9

요한복음 4:34

에베소서 5:2

6. 마태복음 12:50에서, 예수 그리스도께서는 주님의 뜻을 행하는 사람들에 대하여 무엇이라고 말씀하셨습니까?

7. 시편 40:8에 의하면, 하나님의 뜻을 행하는 데에 도움이 되는 것은 무엇입니까?

8. 요한일서 2:17과 베드로전서 2:5에 의하면, 당신의 뜻을 하나님께 굴복할 때의 결과는 무엇입니까?

9. 당신의 삶에서 하나님께 굴복하는 데에 가장 어려움을 느끼는 영역은 무엇입니까? 왜 그렇다고 생각하십니까? 이에 대하여 하나님께서 당신에게 원하시는 바는 무엇이라고 생각하십니까?

제 31 장

값비싼 긍휼

용 서

   수 양회를 갖던 건물 식당에서 한 부부를 만났습니다. 기다란 나무 테이블 건너편에 앉은 두 사람은 우리 부부에게 자기들의 이야기를 나누었습니다. 남편의 커다란 손이 아내의 작은 손을 잡고 있는 것이 식탁 밑으로 보였습니다. 남편의 굳은 얼굴은 이따금씩 아내의 얼굴을 바라보면서 부드럽게 되었습니다. 두 사람은 차례로 과거의 어려웠던 시절을 우리에게 나누었습니다.

  벅은 경찰관으로서 보안 부서에서 근무하고 있었습니다. 그곳의 규율은 매우 엄했기 때문에, 벅은 딴 여자와 만나 부정을 저지르는 것을 다른 사람들에게 잘 감추었습니다. 그렇지만 아내인 에밀리에게는 다르게 행동했습니다. 벅은 자기가 그 여자와 언제 만나서 함께 즐기려고 하는지에 대해서까지 아내에게 말했는데, 이렇게 하면서 사디스트적인 흥분을 즐긴 것처럼 보였습니다. 그러나 에밀리가 이혼에 대하여 성경적인 개념을 가지고 있었기 때문에 남편에 대한 헌신과 결혼에 대한 헌신에는 흔들림이 없었습니다. 에밀리는 이렇게 말했습니다. "우리 두 사람을 위해 당신을 여전히 사랑합니다. 늘 당신을 사랑할 것입니다." 이런 행동은 벅을 더욱 파렴치하고, 조롱을 즐기며 더욱 잔인한 사람으로 만들 뿐이었습니다. 딸아이는 시선을 다른 데로 돌렸고, 십대인 아들은 아버지를 미워했습니다. 아내는 무엇을 해야 할지 잘 몰라서 기도만 했습니다. 그리고 이혼을 생각할 때마다 하나님께서는 헤어지지 말라고 인도하셨습니다.

거의 3년이 지나서야 한 술집에서 그 여자와 함께 있는 것이 발각되었습니다. 이런 불미스런 일뿐만 아니라 그동안 감추어졌던 아내에 대한 파렴치한 행동도 드러났습니다. 벅은 직업과 자유를 다 잃었습니다. 벅의 아들은 아버지가 복역을 마친 후에 집에 돌아온다면 자기가 나가겠다고 했습니다. 딸아이는 더욱 자기 세계로 몰입하였습니다. 오직 에밀리만이 벅에게 "당신을 사랑하며 앞으로도 사랑할 것입니다"라고 말했습니다.

마침내 벅이 자기 영혼 주위에 쌓았던 높고 견고한 벽이 부서지기 시작했습니다. 깨어진 채 벅은 하나님께 용서를 구했습니다. 그리고 회한의 눈물을 흘리면서 아내와 가족들에게 용서를 구했습니다. 오래지 않아 딸아이가 생기를 되찾았습니다. 그러나 아들은 오랜 시간이 지나서야 가족과 함께하게 되었습니다. 에밀리의 긍휼과 헌신은 한 차례도 흔들리지 않았습니다. 그리고 남편에게 계속 "나는 당신을 사랑하며, 앞으로도 사랑할 것입니다"라고 말했습니다.

그들의 이야기를 들으면서 나는 생각에 잠겼습니다. 남편이 당신을 귀하게 여기는 게 당연하군요. 다른 아내들이라면 벌써 오래 전에 떠났을 거예요. 내가 알고 있던 다른 경건한 여인들은 하나님께서 따로 살라고 하셨던 경우가 있었습니다. 남편이 회개하고 자기 삶을 바꿀 때까지 말입니다. 그러나 벽이 조금도 변화하지 않았는데도, 하나님께서는 에밀리를 벽과 함께 있도록 인도하셨고, 에밀리에게는 지속적으로 용서하며 사랑할 수 있는 능력을 주셨습니다.

내 생애를 통해 그런 놀라운 긍휼과 용서는 몇 차례밖에 본 적이 없었습니다. 술에 취한 운전자가 낸 사고로 덕 스팍스는 딸과 사위를 잃었으며, 손자는 불구가 되었습니다. 덕은 감옥에 있는 그 운전자를 만나러 갔는데, 덕과 가족들이 그를 용서했다고 말했습니다. 이를 통해 덕 스팍스는 그 사람을 그리스도께로 인도하는 특권을 누리게 되었습니다.

제리 화이트 부부도 택시 기사였던 외아들이 근무 중 어떤 사람의 총에 맞아 죽게 되었을 때 가슴이 찢어지는 듯한 고통을 받았습니다. 그러나 두 사람은 상대방이 용서를 구하지도 않았는데도 용서해야겠다는 마음을 품게 되었습니다.

최근에 미라는 길을 건너려고 중앙 분리대에 서 있다가, 술에 취한 한 운전자에게 치여 그 자리에서 목숨을 잃었습니다. 미라의 친구들은 그 운전자를 위해 기도했을 뿐만 아니라 감옥에 있는 그 사람을 방문하여 하나님의 사랑을 확인하여 주고 그들이 용서한다는 사실을 알려 주었습니다. 그 사람도 역시 예수님을 영접하였습니다.

그날 오후에 에밀리의 이야기를 들으면서 결혼에 대한 에밀리의 헌신, 그리고 에밀리의 긍휼과 용서가 참으로 놀랍다고 생각했습니다. 그 모든 것은 죄악 된 인간을 향해 그리스도께서 보여 주신 사랑을 잘 보여 주었습니다. 에밀리도 예수님도, 용서를 받을 자격이 없는 사람들에게 용서를 베풀었습니다. 전혀 보상을 받을 길이 보이지 않았지만 관심을 베풀었습니다. 전혀 사랑을 받을 만하지 않은 사람을 사랑했습니다. 헌신에 전혀 흔들림이 없었습니다.

물론 주님께서는 이보다 훨씬 더 높은 수준으로 행하십니다. 주님께서는 온전히 순전하시며 깨끗하셨지만, 주님께서 하시는 일을 전혀 이해하지 못하며 감사할 줄도 모르는 사람들을 위하여 모욕을 당하셨습니다. 침을 뱉고 조롱하는 사람들에게 모욕을 받으시고, 무시무시한 죽음을 당하셨습니다. 바로 내가 받아야 할 심판과 형벌, 그리고 하나님으로부터의 분리를 직접 담당하시기 위하여 그렇게 당하신 것입니다.

지금도 에밀리를 생각할 때마다 에밀리가 남편에게 한 말이 들립니다. "당신을 사랑하며 앞으로도 사랑할 것입니다." 그리고 그리스도에 대하여 생각할 때마다 주님께서 "애야, 나는 너를 사랑한다. 항상 너를 사랑할 것이다"라고 말씀하시는 것을 듣습니다. 그리고 내 마음은 찬양으로 가득 찹니다.

서로 인자하게 하며 불쌍히 여기며 서로 용서하기를
하나님이 그리스도 안에서 너희를 용서하심과 같이 하라.
에베소서 4:32

제 32 장

용서는 감정이 아닙니다

용서

"우리 어머니가 하늘나라에 가셨을까요?" 어린 시절 학대를 당한 한 여인이 이렇게 물었습니다. 그리고 나서 내게 뭔가 말할 틈도 주지 않고 이렇게 덧붙였습니다. "만약 어머니가 거기 계신다면, 나는 그곳에 가고 싶지 않습니다."

내가 알고 있는 사람들은 모두 용서라는 문제와 갈등한 적이 있습니다. 문제가 클 수도 있고 작을 수도 있으며, 매일 받는 공격일 수도 있고 일생에 단 한 차례 일어난 일일 수도 있습니다. 용서하느냐 혹은 하지 않느냐 하는 우리의 결정은 영적 평강, 감정적 건강, 신체적 상태, 그리고 개인적인 기쁨에 지대한 영향을 끼칩니다.

데이비드 옥스버거는 용서에 대하여 다음과 같이 썼습니다.

> 용서는 어렵습니다. 특히 과거에 갈등이 있었거나,

거절과 모욕에 대한 두려움으로 고통을 당했거나, 의심과 불신으로 찢어진 관계에서는 더욱 그러합니다.

용서는 고통스럽습니다. 특히 용서를 받을 만한 자격이 없는 사람이나, 용서를 받기 위해 어떤 노력도 하지 않은 사람이나, 용서를 악용할 여지가 있는 사람을 용서하는 것은 더욱 그러합니다. 용서하는 것은 고통스럽습니다.

용서는 대가가 따릅니다. 특히 잘못에 대하여 보상을 요구하는 대신에 그저 용납해야 하거나, 상응하는 복수를 하는 대신에 상대방을 그냥 놓아주어야 하거나, 원망과 분노를 쏟는 대신에 사랑으로 나아가야 하는 관계에서는 더욱 그러합니다. 용서는 대가가 따릅니다.

그럼에도 우리들 모두는 용서하지 않을 때 가장 큰 대가를 치르게 됩니다. 정말 큰 대가를 치릅니다. 누군가 이렇게 말했습니다. "쓴뿌리는 쏟아 붓는 상대방보다는 담고 있는 그릇에 더욱 큰 상처를 입힌다." 이것은 사실입니다.

스티브 채프먼 부부는 결혼에 관한 저서에서 심하게 폭력을 당한 한 여인에 대하여 말하고 있습니다.

"내게 그처럼 잔인하게 폭력을 휘두른 이 사람을 용서하는 것에 대하여 생각할 때마다 나는 내가 받은 상처를 그냥 지나칠 수 없었습니다. 그 사람은 응분의 대가를 치러야 한다는 생각이 들었습니다. 그러나 사실을 말하자면, 내 쓴뿌리와 증오는 그에게 아무런 영향을 미치지 못했습니다. 단지 내 삶을 찢어 놓았을 뿐입니다.…"

이 여인은 관절염을 앓고 있었으며, 실망감과 사람 관계에서 받은 상처 때문에 고통하고 있었는데, 하나님의 도우심을 힘입어 자기를 공격한 사람을 적극적으로 용서하기 시작하자 고통에서 벗어나기 시작했습니다. 그 여인은 이렇게 말했습니다. "이 사람에 대하여 증오가 생길 때에는 이를 애써 부정하지 않고, 있는 그대로 인정했습니다. 이런 일은 여러 차례 일어났습니다. 그때마다 이런 감정이 나를 하나님께로 나아가도록 인도한다는 사실을 인하여 주님께 감사하기 시작했습니다. 그리고는 하나님의 사랑에 초점을 맞추기 시작했습니다. 내가 어떠한 잘못을 범하더라도 주님께서는 능히 용서하실 수 있음을 기억했습니다. 특히 하나님에 대한 진리에 초점을 맞추도록 도와주는 성경 구절들을 적극적으로 생각하기 시작했습니다. 요한일서 4:7과 같은 구절입니다. '사랑하는 자들아, 우리가 서로 사랑하자. 사랑은 하나님께 속한 것이니, 사랑하는 자마다 하나님께로 나서 하나님을 알고.' 이를 통해 그 사람을 용서하기로 선택하는 데 도움을 얻었습니다.

"결국 나는 그의 구원을 위해 기도할 수 있게 되었습니다. 그리고는 하나님께 진심으로 용서를 할 수 있도록 도움을 청했습니다. 이런 과정을 처음 얼마 동안은 하루에도 수백 번은 반복했을 것입니다. 그러나 증오하는 마음을 버렸을 때, 하나님께서는 내 삶을 진정으로 치료해 주셨습니다."

내 친구 중 한 사람은 사위에 대한 분노로 갈등하고 있습니다. 사실 그 사위는 선하지도 않고, 미성숙하며, 무례하고, 행실이 올바르지 않은 사람으로서, 신경을 건드리고 자주 가족과 직장을 버리고 제멋대로 행동하며 책임을 다하지 않는 사람입니다. 이 친구에게 나는 어떤 교훈을 배울 수 있겠느냐고 물었을 때 친구는 이렇게 말했습니다. "용서." 사랑스런 손자가 상처를 입는 것을 볼 때, 딸이 눈물을 흘리는 것을 볼 때, 사위에게 개인적으로 심한 말을 들을 때, 울화통이 치밀어 분노와 쓴뿌리를 발할 뻔했습니다. 그러나 바로 그때 친구는 기도하고 한 차례 더 용서하기로 했습니다. 그러자 사위는 또 다른 일을 저질렀습니다.

친구의 고통스런 이야기를 들을 때 나도 역시 분노가 치밀고 쓴뿌리가 났습니다. 그 공격이 내게 대한 것이 아니었는데도 말입니다. 그러나 친구처럼 나도 용서해야만 합니다. 그리고 이 일을 하나님 아버지의 손에 맡겨야 합니다. 친구는 여러 차례 자기 자신을 굴복시켜 사위를 용서해야만 했다고 말했습니다. 친구는 사위를 감정으로 용서한 게 아니라 믿음으로 용서했습니다. 때로 용서하기로 결심한 이후 오랜 시간이 지나도 용서의 감정이 생기지 않았기 때문입니다.

제인은 약간 다른 길을 택하였습니다. 제인은 어머니가 자기를 미워한다고 느끼며 성장했습니다. 성인이 되어서 제인이 집에 갔을 때(그렇지만, 될 수 있는 대로 집에 가지 않았습니다) 어머니는 제인을 무시하거나 심한 말을 일삼았습니다. 전화를 할 때마다 어머니는 제인을 깎아 내리며 눈물을 흘리게 만들었습니다. 제인은 어머니가 자기를 미워한 것과 어머니의 말과 행동으로 생긴 열등감 때문에 어머니를 미워하게 되었습니다.

그러나 제인은 하나님을 사랑했습니다. 하나님께서는 어머니를 용서하기 원하신다는 것도 알았습니다. 듣기에는 쉬워 보입니다. 그러나 쉽지 않았습니다. 어느 날 제인은 골로새서 3:13을 묵상했습니다. "누가 뉘게 혐의가 있거든 서로 용납하여 피차 용서하되 주께서 너희를 용서하신 것과 같이 너희도 그리하고." 그 주간 동안 제인은 어머니가 자기에게 준 모든 고통을 생각나는 대로 다 기록하였습니다. 아침나절 내내 기록하면서 제인은 울음을 터뜨렸습니다. 그리고는 또 다른 목록을 작성하기 시작했습니다. 하나님께 자기가 범한 죄의 목록이었는데, "어머니를 미워했습니다"로 시작하였습니다. 이 목록을 적으면서도 역시 제인은 내내 울었습니다.

그리고 나서 제인은 빨간 펜을 들고는 자기의 죄의 목록 위에다가 다음과 같이 기록했습니다. "그리스도의 보혈로 용서되었음." 다음에 천천히 빨간 펜을 옮겨 어머니의 죄의 목록 위에다가 이렇게 기록했습니다. "하나님께서 나를 용서하신 것처럼 나도 당신을 용서합니다."

제인은 마지막으로 한 가지 행동을 더 했습니다. 두 가지 목록을 다 들고 뒤뜰로 나가 구덩이를 파고 목록을 묻었습니다. 이렇게 함으로써 제인은 의식적으로 어머니를 용서했습니다.

어떻게 이렇게 할 수 있었습니까? 제인은 용서하기로 선택한 것입니다. 용서하고 싶은 마음이 생길 때까지 기다리지 않았던 것입니다.

이것이 용서에 대하여 내가 배운 교훈 가운데서, 가장 중요한 것이면서도 가장 어려운 것 중의 하나입니다. 내 의지는 내 감정을 통제해야만 합니다(대개 감정은 의지와는 반대로 움직입니다!). 분노와 용서치 않는 마음은 하나님의 자녀에게는 합당치 않은 선택입니다. 하나님께서는 우리에게 용서하라고 명령하십니다.

어렵습니까? 물론 그렇습니다.

불가능합니까? 어떤 때는 그렇게 보이기도 합니다.

하나님께는 불가능한 것이 하나도 없다는 사실을 기억할 때까지는 그렇게 보입니다.

> 내게 능력 주시는 자 안에서
> 내가 모든 것을 할 수 있느니라.
> 빌립보서 4:13

제 33 장

"뛰어내려, 내가 잡아 줄게!"

용 서

남편과 나는 다른 한 부부와 활발한 대화를 나누고 있었습니다. 봅은 자기가 정당한 대우를 받지 못했다고 생각하여 마음이 심히 어려운 상태에 있었습니다. 그는 깊은 상처를 받았고 좌절한 상태에 있었습니다. 부당한 일을 경험했지만, 이에 대하여 대처할 수 있는 것이 하나도 없었기 때문이었습니다. 그와 아내는 동시에 이렇게 말했습니다. "그건 올바르지 않아요!"

그리고 그건 사실이었습니다.

그러나 그때 봅은 내 마음에 충격을 주는 이야기를 했습니다. 최근에 자기와 흡사한 상황에 처한 어떤 사람과 함께 점심 식사를 같이 했었는데, 그 사람은 마음의 좌절과 분노를 다루기 위해서 한 경건한 상담자에게 도움을 청했다고 했습니다. 그가 그 상담자에게서 받은 교훈은 이것이었습니다. 즉, 자기와 붑과 같은 사람들은 모든 일이 올바로 되도록 하려는 경향이 있다는 것입니다. 그리고 이런 사람들은 상황을 자기가 원하는 대로 할 수 있을 때에는 일시적으로 만족감을 느끼는데, 이 만족감은 문자 그대로 일시적인 것이라고 했습니다. 오래지 않아 정당하지 않은 뭔가가 끼어 들면 이런 사람들은 이를 필사적으로 바로잡으려고 합니다. 만약 그렇게 하지 못하면 실망하게 되고, 반대로 고칠 수 있게 되면 또 다시 일시적인 만족감을 누리게 됩니다. 그러나 그 만족감은 다시금 바로잡아야 할 필요가 있는 다른 일이 닥치기 전까지만 유지될 뿐입니다.

그 상담자는 이렇게 말했습니다. "그러나 정당하거나 올바르지 않은 상황을 처리하는 또 다른 방법이 있습니다. 바로 은혜입니다. 당신이 공의를 요구하는 대신에 은혜를 베풀면 일시적인 만족감이 아니라 영원한 축복을 얻게 됩니다."

이것을 한번 생각해 보십시오. 고린도전서 6:7-8은 이렇게 말합니다. "너희가 피차 송사함으로 너희 가운데 이미 완연한 허물이 있나니 차라리 불의를 당하는 것이 낫지 아니하며 차라리 속는 것이 낫지 아니하냐. 너희는 불의를 행하고 속이는구나. 저는 너희 형제로다."

다이안 헤일스는 이렇게 기록했습니다. "용서하는 것은 포기를 의미하지 않습니다. 허용하는 것을 의미합니다.… 유태인 대학살 때 가족을 잃은 한 유대인 랍비는, 히틀러를 미국까지 데려오지 않으려고 그를 용서하기로 선택하였다고 말했습니다. 용서할 때 당신은 선택할 수 있는 능력을 되찾게 됩니다. 상대방이 용서를 받을 만한가 혹은 아닌가는 중요하지 않습니다. 바로 당신이 자유롭게 되는 것이 중요합니다."
　나는 용서라는 영역에서 무력감을 느낄 경우가 있습니다. 오로지 내 힘으로만 해야 한다면 이것은 불가능할 것입니다. 그러나 혼자 애쓸 필요는 없습니다. 하나님께서 나를 도와주십니다. 내가 하나님의 은혜를 구할 때 도와주십니다.
　론 멜은 내가 좋아하는 저자 가운데 한 사람인데, 다음과 같은 이야기를 썼습니다.

> 어린 자녀 4명과 젊은 부부가 사는 집에 끔찍한 화재가 일어난 사건에 대하여 들은 적이 있습니다. 엄마와 아빠는 어린아이들을 바깥으로 안전하게 데리고 나왔습니다. 그런데 아들 하나가 갑자기 불에 타는 집으로 뛰어 들어갔습니다. 애완 동물을 찾으려고 계단으로 올라갔습니다. 불과 몇 초 사이에 불길이 계단을 휩쓸었고, 아무도 그 아이 뒤를 좇아갈 수 없었습니다. 그 어린아이는 가까스로 위층 창문까지 다가갈 수 있었습니다. 그때 아빠가 말했습니다. "애야, 뛰어내려! 내가 너를 잡아 줄게! 어서 뛰어내려!"
> 　두려움에 질려서 아들은 주저하였습니다. "그런데 아빠, 아빠를 볼 수 없어요!"
> 　아버지는 즉시 대답했습니다. "애야, 괜찮다. 나는 너를 볼 수 있어!"
> 　아버지의 음성을 믿고 아이는 아무것도 보이지 않는 연기 속으로 뛰어내렸으며, 결국에는 아버지의 품에 안기게 되었습니다.

당신은 의심 가운데 망설이며 주저하다가 마침내 "주님, 주님을 볼 수 없습니다. 상처를 입고 혼란 가운데 있기 때문에 그 어디서도 주님의 손을 볼 수 없습니다. 주님의 사랑과 돌보심도 보이지 않습니다"라고 말할 때가 생길 것입니다.

우리가 부당한 일을 당했을 때, 그리고 그 상처가 너무나 커서 우리를 찢어 놓을 듯할 때, 우리 자신의 힘으로는 용서하기가 불가능할 때가 있습니다. 그냥 용서하고, 하나님께로 '뛰어내리기'가 힘들 때가 생깁니다. 이런 경우는 우리 모두에게 생기게 마련인데, 그러나 바로 그러한 때에 우리는 주님께서 이렇게 말씀하시는 것을 듣게 됩니다. "뛰어내려라! 내가 너를 잡아 주겠다. 내 은혜가 네게 족하다!"

그래서 우리는 뛰어내립니다. 그리고 그 순간 우리는 쓴뿌리의 화염에서 벗어난 자신을 발견하게 됩니다. 우리는 자유롭게 되고, 하나님의 은혜로운 팔 안에서 안전하게 됩니다.

> 여호와께서 그를 황무지에서,
> 짐승의 부르짖는 광야에서 만나시고 호위하시며
> 보호하시며 자기 눈동자같이 지키셨도다.
> 마치 독수리가 그 보금자리를 어지럽게 하며
> 그 새끼 위에 너풀거리며 그 날개를 펴서 새끼를 받으며
> 그 날개 위에 그것을 업는 것같이.
> 신명기 32:10-11

다시금 기억하기 위하여...

용 서

한 지혜로운 상담자가 이런 질문을 받았습니다. "당신은 어떻게 용서합니까?" 커피를 마시던 테이블로 몸을 숙이면서, 그는 테이블 바닥에 이렇게 기록했습니다.
　마음은 분석합니다.
　감정은 반응합니다.
　의지는 선택합니다.
　그리고는 이렇게 덧붙였습니다. "감정이 뭐라고 하는 것을 그대로 따르지 마십시오."
　우리는 용서하기를 "선택"해야 합니다.
　그러나 이것은 그리 쉽지 않습니다.

1. 다음 구절에서는 용서에 대하여 무엇이라고 말하고 있습니까?

시편 86:5

시편 103:3-4

2. 우리의 용서에 대한 성경적인 기초는 무엇입니까?
   에베소서 1:7-8

   골로새서 1:13-14

3. 우리가 지은 죄에 대하여 하나님의 용서를 받기 위해서는 조건이 있습니다. 그 조건은 무엇입니까?
   요한일서 1:9

4. 왜 우리에게 상처를 준 사람들을 용서해야 합니까?
   마태복음 6:12-15

   마태복음 18:21-22

   마가복음 11:25

   골로새서 3:13

5. 지금 이 순간 당신이 용서하기에 어려움을 느끼는 사람이 있습니까? 이에 대하여 하나님께서는 당신이 무엇을 하기를 원하십니까? 왜 그렇습니까?

6. 용서를 하기 위하여 당신이 할 수 있는 일은 무엇입니까? 언제 하겠습니까? 이 일에 대하여 당신의 친구에게 점검을 해달라고 부탁할 생각이 있습니까?

7. 용서에 대한 구절을 적어도 하나 암송하고 장차 암송할 구절들의 목록을 만들어 보관하십시오.

제 34 장

"야호, 하나님!"

예 배

마치 새로 주조된 동전처럼 전혀 때묻지 않은 맑은 날이었습니다. 바일 산 위로 곤돌라가 삐걱 소리를 내며 천천히 올라가고 있었습니다. 곤돌라가 산 위로 반쯤 올라왔을 때 남편과 나, 딸 린과 사위 팀, 그리고 손자 에릭과 손녀 써니는 햇살이 밝게 비치는 곳으로 걸어 나왔습니다. 그리고 우리 여섯 명은 스키장 위에 있는 목조 건물에서 가족 소풍을 갖기 위해, 오솔길을 따라 하이킹을 시작했습니다.

갑자기 커다란 독수리가 15m 전방에 있는 오솔길 위에 덮치듯이 내려앉았습니다. 우리는 순간 숨을 멈추었다가 크게 웃었습니다. 하나님의 피조물을 순수한 마음으로 기뻐할 수 있었던 것입니다. 올라가다가 독수리를 만나게 된 것은 큰 축복이었습니다.

바로 그때였습니다. 팀은 하늘 높이 두 손을 들더니, 가슴속 깊은 곳에서 나오는 소리로 "야호, 하나님"이라고 크게 외쳤습니다.

순수하고 열정적인 예배의 순간이었습니다.

성장하면서 나는 예배가 오직 교회 건물 안에서만 이루어지는 것이라고 생각했습니다. 내게는 엄숙한 기도와 웅장한 찬송 혹은 스테인드 글라스 창문의 아름다움이 예배라고 생각되었습니다. 얼마나 잘못된 생각인지 모릅니다! 예배는 내 마음 속에서 날마다 매순간 이루어져야 하는 것입니다. 그러나 어떤 날에는 너무나 내 자신에 푹 **빠져서** 하나님의 광대하심에 젖어 들지 못하기도 합니다. 어떤 날에는 드문드문 예배가 이루어지기도 합니다.… 그러나 나는 예배가 지속적으로 이루어지기를 간절히 원합니다.

어느 날 이를 생각하면서 나는 다음과 같이 기록했습니다.

> 주님, 내 삶이
> 날마다 모든 삶이
> 주님을 향한
> 예배가 되기를 원합니다.
> 오늘 내가 무엇을 하든
> 예배가 되게 하소서.
> 늘 하던 일을 할 때에도
> 예배가 되게 하소서.
> 사무를 보고 있을 때에도
> 편지를 쓰거나 부칠 때도
> 예배가 되게 하소서.

글을 쓰거나 뭘 만들고 있을 때도
예배가 되게 하소서.
새로운 컴퓨터 프로그램을 배울 때도
예배가 되게 하소서.
다른 사람을 섬기거나
쉬거나, 먹거나, 여행하거나,
전도하거나, 말씀을 전할 때도…
주님, 예배가 되게 하소서.

나의 마음과 생각이 늘 예배가 되도록 하는 것이 나의 궁극적인 목표입니다. 그러나 그 목표를 추구하면서, 나는 더욱더 즉각적이고 열정적인 예배를 원하게 되었습니다. 팀이 산에서 표현한 것과 같은 예배 말입니다.

더불어 미리 계획된 예배 시간을 더욱 많이 갖기 원합니다. 다른 종교 사람들이 자기들의 종교적 전통을 지키기 위해 열심을 내는 것과 비교해 볼 때 하나님을 예배하려는 나의 마음이 그에 미치지 못하는 것을 보고는 부끄러울 때가 있습니다. 주문을 외며 염주를 계속 반복해서 돌리는 사람들을 여러 차례 보았습니다. 어떤 할머니는 무릎을 꿇고 높은 계단을 올라가는 수고를 하고 있었습니다. 자기 죗값을 치르려고 몸을 채찍질하는 사람도 있었습니다. 어떤 사람들은 뜨거운 태양 아래서 엎드려 기도하기도 합니다. 나는 스스로 질문을 해봅니다. 최근에 하나님 앞에서 엎드린 적이 언제인가?

물론 이런 사람들은 자기의 노력을 통해 하늘나라에 들어가려고 하는 것이며, 나의 구원은 나의 수고와 공적이 아니라 그리스도께서 십자가에서 이룩하신 구속 사역에 달려 있기 때문에 그들의 행동을 무시할 수도 있을 것입니다. 그러나 내가 받은 구원에 대하여 감사하는 마음과 태도는 구원을 얻기 위해 스스로 노력하는 이 사람들만큼 열정적이어야 하지 않겠습니까?

사실 나는 구원을 받은 것 때문에 하나님을 찬양하는 삶을 자발적으로 지속할 수 있었습니다. 12살이었을 때 내 침대 옆에서 어머니와 함께 무릎을 꿇고는 예수님께 내 삶으로 들어와서 구주와 주님이 되어 달라고 기도하였는데, 이때 내 마음은 기쁨과 감사로 차고 넘쳤습니다. 그리고 예배로 이어졌습니다. 나는 마음으로 예배하려면 구원받은 경이감이 내 마음에 지속되어야 한다는 것을 알고 있습니다. 그러나 너무나도 자주 내가 자신을 돌아볼 때면 자기 만족에 빠져 있는 것을 발견하게 됩니다. "좋아. 내가 구원을 받았으니 정말 기쁘다. 이제는 뭔가 새로운 것을 해봐야지."

그렇게 되어서는 안 됩니다! 구원에 대하여 묵상하면서도 마음이 기쁨으로 넘쳐흐르지 않으면, 뭔가 새로운 것을 한다고 해서 예배하고 싶은 마음이 생기지는 않습니다.

아버지 하나님, 주님으로 말미암아 앞날이 전혀 두렵지 않으니 감사합니다. 주님의 놀라운 영광과 의로우심을 새롭게 발견하고 기이하게 여기는 마음을 내 안에 심어 주소서. "야호, 하나님"이라고 외쳤던 사위처럼 나도 외치고 싶습니다.

날마다.

항상.

종일 주의 이름으로 기뻐하며
주의 의로 인하여 높아지오니,
주는 저희 힘의 영광이심이라.
우리 뿔이 주의 은총으로 높아지오리니.
시편 89:16-17

제 35 장

겸손한 예배

예 배

스티븐 로슨은 그가 지은 한 책에서 다음과 같은 이야기를 했습니다. 어떤 사람이 미술관을 둘러보고 있었는데 예수 그리스도께서 십자가에 달리신 그림을 보게 되었습니다. 발길을 멈춘 그는 갈보리의 사랑을 아름답게 그려낸 초상화를 바라보았습니다.

고뇌에 찬 그리스도의 얼굴을 바라보고 있는데, 미술관을 지키던 직원이 그의 어깨를 툭 쳤습니다. "몸을 낮추십시오. 이 그림은 낮은 위치에서 감상하도록 작가가 그렸습니다."

그래서 그는 몸을 굽혔습니다. 그리고는 낮춘 위치에서 그림의 새로운 아름다움을 감상하기 시작했습니다. 이전에는 보지 못했던 새로운 모습을 볼 수 있었습니다.

그러자 그 직원은 다시 한 번 말했습니다. "몸을 더 낮추십시오. 더 낮게."

그는 한쪽 무릎을 꿇고 고개를 들어 그리스도의 얼굴을 바라보았습니다. 새로운 모습이 보였고 감추어진 보배가 드러나는 듯했습니다.

그러나 그 미술관 직원은 손전등을 바닥으로 향하면서 "더 낮추십시오. 좀더 낮추어야 합니다"라고 말했습니다.

그 사람이 양쪽 무릎을 다 꿇고 올려다보자 그제야 작가가 의도한 구도를 깨달을 수 있었습니다. 그렇게 해야만 십자가에 나타난 원래의 아름다움을 온전히 볼 수 있었던 것입니다.

하나님께서는 이 이야기를 통해 내 마음에 큰 감동을 주셨습니다. 나는 이 이야기가 진정한 예배를 잘 묘사하고 있다는 사실을 깨달았습니다.

스티븐 로슨의 책을 보면 '예배'를 나타내는 헬라어 단어는 "…에게 입맞추다, 손에 입맞추다, 몸을 굽힌다"라는 의미를 담고 있습니다. 또한 겸손히 경배하면서 절대주권을 가진 통치자 앞에서 몸을 굽히는 것을 의미합니다. 고귀한 어떤 물건이나 사람이 지닌 가치를 인정하는 것도 의미합니다. 따라서 예배란 하나님께서 어떤 분인지를 알고 반응을 보이는 것이며 하나님의 존귀하심을 인정하는 것입니다. 사심을 버리고 하나도 남김없이 우리의 삶, 우리의 찬양, 우리의 소유, 우리의 태도, 우리의 모든 것을 하나님께 바치고자 하는 자원하는 마음입니다.

그것이 바로 예배할 때 가져야 할 마음가짐입니다. "나는 아버지 하나님 앞에 나올 아무런 자격이 없습니다. 주님 앞에 그렇게 담대하게 나아갈 수 있도록 허락하시니 정말 감사합니다"라는 태도를 가져야 합니다.

예배하는 사람을 그려 본다면, 당신의 마음에는 무엇이 떠오릅니까? 나는 눈을 감고, 무릎을 꿇거나 몸을 굽히며, 예배하는 대상 앞에서 엎드리는 사람을 생각합니다. 실제로 이는 성경적이기도 합니다. 시편 95:6-7에는 이렇게 기록되어 있습니다. "오라. 우리가 굽혀 경배하며 우리를 지으신 여호와 앞에 무릎을 꿇자. 대저 저는 우리 하나님이시요, 우리는 그의 기르시는 백성이며, 그 손의 양이라. 너희가 오늘날 그 음성 듣기를 원하노라." 구약성경 전체를 통해 우리는 무릎을 꿇고 경배하는 사람들을 찾아볼 수 있습니다. 역대하 29:29에는 이렇게 기록되어 있습니다. "제사 드리기를 마치매 왕과 그 함께 있는 자가 다 엎드려 경배하니라." 무릎을 꿇고 엎드림으로써 겸손을 표현하였습니다. 그리고 하나님께서는 겸손한 태도를 기뻐하십니다. 이사야 66:2은 이렇게 선포합니다. "나 여호와가 말하노라. 나의 손이 이 모든 것을 지어서 다 이루었느니라. 무릇 마음이 가난하고, 심령에 통회하며, 나의 말을 인하여 떠는 자 그 사람은 내가 권고하려니와."

예배에 대하여 공부하기 시작했을 때 겸손이라는 단어가 책에서 튀어나와 마치 내 마음 깊은 곳에 심기는 것 같았습니다. 다음과 같은 구절입니다. "네 하나님 앞에 스스로 겸비케 하기로 결심하던 첫날부터 네 말이 들으신 바 되었으므로…"(다니엘 10:12). 스바냐 선지자는 이렇게 말했습니다. "여호와의 규례를 지키는 세상의 모든 겸손한 자들아, 너희는 여호와를 찾으며 공의와 겸손을 구하라. 너희가 혹시 여호와의 분노의 날에 숨김을 얻으리라"(스바냐 2:3).

사실 하나님의 말씀에서는 우리에게 겸손하라고 명령을 하십니다. 당신 자신과 대화를 나누어 본 적이 있습니까? 나는 그렇게 합니다. 나는 내게 질문을 할 뿐만 아니라 대답도 합니다. 그러나 때로 나는 자신과 논쟁을 벌일 때도 있습니다! 베드로전서 5:6을 읽을 때 그런 일이 일어났습니다. "그러므로 하나님의 능하신 손 아래서 겸손하라. 때가 되면 너희를 높이시리라."

내 마음은 이렇게 물었습니다. "어떻게 겸손해질 수 있지? 나는 하나님께서 나를 낮추시는 것을 알고 있어. 특히 내가 구하면 그렇게 하셔. (그러나 나는 그렇게 자주 구하지는 않습니다. 너무나 겸손하게 만드시기 때문입니다.) 그러나 하나님의 능하신 손 아래서 어떻게 내가 나를 낮출 수 있지?"

내 마음은 이 구절을 몇 차례 곱씹으며 묵상했습니다. 그리고는 응답했습니다. "아주 실제적인 방법으로 내 자신을 낮출 수 있다. 바로 하나님의 가족들이 모였을 때 의도적으로 '낮은 자리'를 차지하는 것이다." 자신에 대하여 죽는 것에 대해 최근에 읽은 문장이 생각났습니다. "당신의 선한 의도가 악하다 일컬어지고, 당신의 소원이 이루어지지 않고, 당신의 권면이 받아들여지지 않고, 당신의 의견이 멸시를 당할 때, 당신의 마음속에서 생기는 분노를 거부하고 심지어 당신 자신을 변호하고 싶은 마음도 거부하며, 인내하며 사랑 가운데서 잠잠히 이를 받아들인다면, 이것이 바로 자신에 대하여 죽는 것입니다."

나는 이 글을 읽고 거의 숨이 멎을 뻔했습니다. 그리고 "마음속에서 생기는 분노를 거부하고… 자신을 변호하고 싶은 마음도 거부하며"라는 말을 다시 한 번 생각해 보아야 했습니다. 이 두 가지 행동은 내 자신을 낮추기 위해 의도적으로 취

해야 하는 것입니다. 하나님의 종들과 함께 내 자신을 낮춤으로써 하나님을 예배하는 데 필요한 마음 자세를 배울 수 있게 됩니다.

나는 고백할 수밖에 없었습니다. "주님, 이 면에서 매우 부족합니다." 한 줄기 빛이 내 마음속으로 들어왔습니다. 나는 자랑하거나 또한 유명한 사람의 이름을 거명하며 나와 관계가 있는 것처럼 떠벌리지 말아야겠다고 생각했습니다. 또한 "나"라는 단어를 내가 사용하는 어휘에서 가능한 한 제거하는 것도 생각했습니다. 그리고 나 중심으로 이야기를 진행시키는 대신에 다른 사람 중심으로 대화하기 위해 의도적인 노력을 하기로 했습니다. 이러한 행동을 통하여 내 자신을 낮추며 겸손하게 하고 자신에 대하여 죽을 수 있습니다.

겸손과 예배는 함께 이루어집니다. 예배를 드릴 때, 겸손한 태도는 외적으로는 몸을 굽힌다든지 무릎을 꿇는 것으로 드러나지만 내적으로는 하나님 앞에서 지속적으로 마음을 굽히는 것을 의미합니다.

내가 "어떻게 지속적으로 예배할 수 있지?"라고 묻자, 내 마음은 깜짝 놀랐습니다.

이에 대하여 내 마음은 갈등을 했습니다. 그리고는 머뭇거리면서 대답했습니다. "한 가지 열쇠는 바로 준비라고 생각해. 예배 시간을 따로 떼어놓는 거야. 그리고는 미리 앞서 생각하고 계획하는 거야. 이렇게 할 때 마음속에서 일어나는 지속적인 예배가 더욱 발전될 거야."

"그런데 어떻게 그렇게 할 수 있지?"라고 내 마음이 묻자 나는 한숨을 지었습니다.

바로 그때 하나님께서는, 다른 사람들이 예배하기 위해 사용하였던 여러 가지 다양한 방법을 생각나게 해주셨습니다. 내게 말씀을 전해 주었던 한 경건한 분은 아침에 일어나서 가장 먼저 하는 일이 바로 침대 옆에 무릎을 꿇고서는 하나님의 어떠하심을 인하여 찬양을 드리는 것이라고 말했습니다. 다른 사람은 암송했던 성경의 한 장을 출퇴근길에 걸어다니면서 왼다고 했습니다. 내 나름대로 예배를 준비하는 방법 가운데 하나는 매일 아침 시간을 내어 하나님과 교제를 나누는 것임을 알게 되었습니다. 주님의 발 앞에 앉아서 집중하며 듣는 것입니다. 이를 통해 나머지 하루 동안 하나님의 속삭임을 좀더 잘 들을 수 있게 됩니다. 워렌과 룻 마이어즈는 이렇게 썼습니다. "우리는 만물의 창조주이시며 만물을 붙들고 계시는 하나님을 보아야 합니다. 광대하심과 거룩하심과 엄위를 보아야 합니다. 모든 것 위에 뛰어나시며, 우리 인간이 자부심을 갖는 모든 것의 근원이시고, 절대주권을 가지신 하나님을 보아야 하는 것입니다." 주님의 발 아래 앉을 때 우리는 광대하신 하나님 앞에 몸을 굽히는 것이며, 만유 안에 계시고 만유가 되시는 분께 마음을 고정시키는 것입니다.

많은 묵상을 하다가 마침내 내 마음은 이렇게 말했습니다. "아버지 하나님, 이제야 깨닫기 시작했습니다. 주님의 어떠하심으로 내 마음을 채워야 하며, 이를 위해 지속적인 선택을 해야 합니다. 이제야 이해하기 시작했습니다. 주님 앞에서 겸손하고 낮추기 위해 애써 노력해야 합니다. 그러나 주님, 주님의 도움이 있어야 합니다. 나는 아버지 하나님을 간절히 사모합니다. 내 마음이 지속적으로 주님 앞에 굽혀 경배하기를 원합니다. 놀랍고 아름답고 영광스런 경배를 드리기를 원합니다."

그러자 아버지 하나님께서는 이렇게 말씀하셨습니다. "사랑하는 자여, 계속 경청하고 배워야 한다.… 나도 역시 그것을 원하기 때문이다."

"우리 주 하나님이여, 영광과 존귀와
능력을 받으시는 것이 합당하오니
주께서 만물을 지으신지라,
만물이 주의 뜻대로 있었고
또 지으심을 받았나이다" 하더라.
요한계시록 4:11

254   늘 새롭게 하시는 주님

제 36 장

답을 준비가 되어 있습니까?

예 배

남부 캘리포니아 사막 지방의 1월 어느 날이었습니다. 햇살이 따뜻하게 느껴졌습니다. 골프장에서 우리는 곧 요령을 터득하게 되었습니다. 골프를 치는 사람들은 어떤 기계 구멍에 바구니를 바짝 대고 자기 이름을 댔는데, 안 쪽에 있어서 보이지 않는 점원이 약 50개의 골프 공을 바구니에 담아 주었습니다. 우리가 흔히 보았던 어떤 것과도 다른 시스템이었지만, 그리 큰 문제가 되지 않았습니다.

어느 날 아침 남편은 가벼운 마음으로 골프 공 한 바구니를 요청했습니다. 그리고 안에 있는 점원이 버튼을 누르는 소리가 들렸습니다. 그런데 갑자기 기계 구멍에 바구니를 대지 않았다는 것을 깨닫게 되었습니다! 공은 이리저리 굴렀습니다. 기계 밑의 시멘트 바닥에 떨어져 주변 잔디로 굴렀고, 심지어는 주차장까지 굴러갔습니다. 사람들은 바라보며 킥킥댔고,

당황한 우리는 굴러다니는 공들을 서둘러 주웠습니다. 그때 한 친절한 신사가 이렇게 말했습니다. "걱정하지 마십시오. 우리 모두 적어도 한 차례는 그런 경험이 있습니다."

골로새서 1:5을 읽으면서 나는 그 사건을 다시금 생각했습니다. "너희를 위하여 하늘에 쌓아 둔 소망을 인함이니…." 이런 생각을 했습니다. 하나님께서 내게 주기 원하시는 것을 놓친 적이 있는가? 하나님께서 주시는 선물을 '담을' 준비가 되지 않은 채 주님을 부른 적이 있지는 않은가?

예를 들어, 성경을 읽을 때마다 더욱더 하나님으로 내 마음에 채울 준비가 되어 있는가? 하나님께서는 종종 내 마음을 주님의 말씀으로 채우신 후에 흘러 넘치게 하사 예배하도록 하십니다. 그렇지만 레위기처럼 쉽게 이해되지 않는 부분도 있습니다. 그런데 오늘 아침에는 바로 그 책에서 한 장을 읽고는 크게 외치게 되었습니다. "하나님은 정말 놀라운 분이셔!" 모세의 형인 아론은 모세와 함께하며 모세를 대신하여 말을 했었습니다. 그는 늘 모세 옆에 있었습니다. 하나님의 능력으로 말미암아 애굽에 재앙이 펼쳐지는 것을 보기도 했고, 홍해가 갈라질 때는 앞서서 걸어갔습니다. 그리고 하나님께서 이스라엘을 대적에게서 건지신 후에 애굽 병사들의 시체가 떠오르는 것도 보았습니다. 아론은 능력의 하나님께서 역사하시는 것을 바로 가까이에서 개인적으로 볼 수 있었습니다.

그러나 모세가 산에 올라가 하나님과 교제하고 있을 때 예상보다 시간이 오래 걸리자 백성들은 걱정이 되었고 어찌할 바를 몰랐습니다. 그러자 아론은 도저히 생각할 수 없는 일을 했습니다(출애굽기 32장 참조). 그는 의도적으로 하나님의 명령을 불순종했습니다. 사람들에게 금을 가져오라고 한 후에 이것을 가지고 금송아지를 만들어 하나님 대신에 경배하게 했습니다. 게다가 아론은 모세에게 거짓말도 했습니다. 금을 불 속에 던졌더니 불 속에서 금송아지가 나오는 기적이 일어났다고 한 것입니다! 하나님께서 그 자리에서 아론을 죽이지 않으신 것이 신기하기까지 할 정도입니다.

그러나 레위기 8장에서 하나님께서는 모세로 하여금 아론을 하나님의 거룩한 제사장들의 인도자로 임명하게 하셨습니다. 나는 이를 읽고 하나님을 경배하게 되었습니다. 모세는 하나님의 명을 따라 아론에게 거룩한 옷을 입히고 머리에는 거룩한 관을 씌웠습니다.

나는 하나님께서 모세를 기뻐하시는 것은 이해할 수 있습니다. 성경에는 모세가 거듭해서 하나님께서 명하신 대로 행했다고 기록되어 있습니다. 그러나 아론도 그러합니까?

오늘 아침 내 마음은 들을 준비가 되어 있었기 때문에 이 익숙한 이야기를 수차례 읽었습니다. 하나님께서는 놀라운 긍휼에 대하여 조금 더 새로운 것을 보여 주셨습니다. 그러나 나는 아무런 준비 없이 하나님의 말씀을 읽을 때가 너무나도 많습니다. 하나님께서 내게 쏟아 부어 주기를 원하시는 영광스런 진리들을 받을 준비가 되어 있지 않은 것입니다.

다른 사람들을 위하여 기도할 때 나는 하나님의 응답을 담을 준비가 되어 있는가? 몇 달 전 우리는 한 가지 소식을 듣고 충격을 받은 적이 있습니다. 존과 헬렌이 사냥을 나갔는데, 입구의 문을 열기 위해 존이 밴 승용차에서 내렸습니다. 헬렌이 운전하여 대문을 통과할 수 있도록 하였습니다. 그런데 헬렌이 브레이크를 밟는 대신에 가속 페달을 밟아 자동차가 존을 치게 되었고, 큰 부상을 입게 되었습니다. 헬렌은 두 시간이나 걸려 존을, 친구들이 있는 목장 주인의 집으로 데려올 수 있었고, 구급 비행기를 타고 병원으로 데려가는 데 한 시간이 더 걸렸습니다.

이번주에 존은 다음과 같은 편지를 썼습니다.

지난번에 의사를 찾아갔을 때 오른쪽 팔의 깁스를 풀었습니다. 내 손목은 사고로 부러졌는데, 수술을 받아야만 했습니다. 오른쪽 팔과 다리도 마찬가지로 수술을 받았습니다. 얼마 지나지 않아 나는 다시 의사를 찾았고, 오른쪽 다리의 깁스를 제거할 수 있었습니다.

마지막 방문에서 우리는 왼쪽 어깨는 수술을 받지 않아도 된다는 것을 알고는 무척 기뻤습니다. 우리에게는 큰 걱정거리였기 때문입니다. 왼쪽 팔에 있는 뼈는 완전히 절단했던 터였습니다. 금이 갔던 갈비뼈 세 개는 나아지고 있지만 여전히 쑤실 때가 있습니다. 아직 혼자서 운전을 할 수는 없습니다. 또한 옷도 혼자서는 제대로 입지 못합니다.

그러나 하나님께서는 선하십니다. 이 기간 동안 많은 교훈을 가르쳐 주셨습니다. 모든 교훈에 대하여 하나님을 찬양합니다. 지금까지 살면서 나는 작은 고통과 최소한의 아픔만 겪었습니다. 사실 나는 참으로 경미한 짐을 졌다고 생각합니다. 최근에 한 친구와 함께 이야기를 나누다가, 이 기간 동안 하나님과 동행하였던 경험은 그 무엇과도 바꾸고 싶지 않다는 말을 했습니다.

아내의 감정은 내 몸이 나아가는 것과 보조를 맞추고 있습니다. 우리는 모두 주님 안에서 즐거워하고 있습니다.

존의 바구니는 하나님의 교훈과 축복을 받아들일 준비가 되어 있었습니다. 나의 마음도 역시 이에 반응을 보였습니다. 존의 편지를 읽으면서 나는 하나님의 은혜에 감사했고, 하나님께 경배하였습니다.

사무엘하 6장 5절과 14절에서 우리는 다음과 같은 내용을 볼 수 있습니다. "다윗과 이스라엘 온 족속이… 여호와 앞에서 힘을 다하여 춤을 추는데…." 나도 또한 이렇게 내 모든 힘을 다해 주님을 예배하기 원합니다. 하나님께서는 내게, 마음을 다해 예배하는 것은 삶이 되어야 하며, 하루 종일 하나님께 반응을 보이는 것임을 가르쳐 주셨습니다. 그리고 골프 공을 바구니에 담는 것이든 하나님의 선물을 내 마음에 담는 것이든, 나는 늘 받을 준비가 되어 있어야 합니다.

> 내 눈을 돌이켜 허탄한 것을 보지 말게 하시고
> 주의 도에 나를 소성케 하소서.
> 시편 119:37

다시금 기억하기 위하여…

예 배

앤 오틀런드가 이런 이야기를 한 적이 있습니다.
"뭐가 필요합니까?"라고 어떤 사람이 서커스에서 줄타기를 하는 사람에게 물었습니다.

"세 가지가 필요합니다"라고 줄타는 사람이 대답했습니다.

"첫째는 '용기'입니다. 온전히 헌신된 마음으로 걷기를 시작해야 합니다. 그리고 도중에 그 마음을 바꾸어서는 안 됩니다.

"그리고는 '균형'입니다. 어느 한 쪽으로 지나치게 치우쳐서는 안 됩니다.

"무엇보다도 '집중'이 필요합니다. 줄에 눈을 고정시켜야 합니다. 그리고는 다 끝나기 전까지는 절대로 다른 곳으로 시선을 돌려서는 안 됩니다."

그리고는 잠깐의 침묵이 흘렀습니다. 그리고는…

"절대로"라고 힘주어 말했습니다.

지속적으로 예배하는 것을 배우는 데에도 이러한 집중이 필요합니다. 성경에서 예배하는 마음을 계발하는 법에 대하여 무엇이라고 말하는지 살펴봅시다.

1. 역대상 29:10-19에 나오는 다윗의 찬양과 예배의 기도를 천천히 읽어 보십시오. 다윗이 무엇에 대해 하나님을 찬양하고 예배하였는지 살펴보고, 몇 가지 적어 보십시오. 그리고는 당신이 하나님께 찬양하고 예배를 드릴 수 있는 내용을 생각하고 같은 방법으로 적어 보십시오.

2. 로마서 12:1-3을 읽고, 이것을 당신 자신의 말로 써보십시오. 이 구절에서는 우리가 무엇을 해야 한다고 말합니까?

3. 다음 구절은 예배에 대하여 무엇을 말하고 있습니까?
시편 95:6-7

시편 18:3

시편 86:12

시편 86:9

시편 96:9

시편 96:4

시편 145:3

4. 에베소서 1:3-7을 읽고, 찬양과 예배를 드려야 하는 몇 가지 이유를 적어 보십시오. 이 구절을 통해 하나님께서는 당신의 마음에 어떤 것을 말씀하여 주십니까? 이에 대하여 하나님께서 당신에게 원하시는 바는 무엇이라고 생각하십니까?

* * *

앤 오틀런드는 지속적으로 예수님께 시선을 고정시키려면 주님께 자주 '막간'을 드려야 한다고 말했습니다. "잠깐 동안 멈추어 편안한 가운데 숨을 깊게 들이쉬며, 몸을 편 다음에 '주님, 저는 주님만 바라봅니다. 주님께서는 능력이 많으십니다. 주님께서는 매순간 저와 함께하셔서 저를 도와주십니다. 저는 주님을 의지합니다'라고 말하는 것입니다." 우리에게는 날마다 '조그만 막간'이 있습니다. 신호등이 바뀌기를 기다릴 때, 물이 끓을 때까지 지켜볼 때, 손에 핸드 크림을 바를 때 등등 조그만 틈이 생기는 것입니다. 만약 의식적으로 노력하면서 이러한 막간을 집중적인 예배를 드리는 시간으로 활용한다면, 우리는 우리의 영혼을 고양시켜 주시는 하나님을 경험하게 될 것입니다. 나는 이를 확신합니다!

제 37 장

실망에 대한 처방

소 망

눈물이 앞을 가렸습니다. 백미러로 남편이 시야에서 점점 멀어지는 것을 볼 수 있었습니다. 남편은 45㎞나 나를 따라왔습니다. 조그만 카페에서 대화를 나누며 함께 기도하기 위한 것이었습니다. 나는 자매 수양회에서 말씀을 전하기 위하여 여행을 시작하기 직전이었습니다.

이제 나는 혼자서 길을 가야 했습니다. 나는 주님께 마음을 쏟았습니다. "주님, 내가 이 일을 원하지 않음을 알고 계십니다. 내 마음에는 온통 베일에 머물러 남편과 손자 손녀와 함께 있기를 바라는 생각뿐입니다. 팀과 린은 지금 참으로 어려운 짐을 지고 있습니다. 나는 그들을 돕고 싶습니다. 그들을 떠나고 싶지 않습니다. 지치고 실망이 됩니다. 동기력도 없고 힘이 빠져 있으며 두렵기까지 합니다. 이런 일을 해야만 하는 내가 미워집니다. 나는 이런 일을 한 능력도 힘도 없습니다. 이번

수양회에 참석하는 자매들의 마음에 뭔가 변화가 일어나려면 오직 주님께서 행하셔야 합니다."

놀랍게도 하나님의 평강이 내 마음에 자리잡게 되었으며, 흐르던 눈물도 볼에서 마르게 되었습니다. 여전히 기대하는 마음 없이 조그만 캠프로 차를 몰고 들어갔습니다. 마음도 준비되지 않았고 영적으로 활기 찬 상태도 아니었습니다. 하나님께서 역사하시기나 할까? 수고를 들일 만한 가치가 있는가?

말씀을 전하기 위해 일어섰을 때도 여전히 의심은 커져 갔습니다. 자매들은 모두 바닥에 앉아 있었습니다. (이런 상황에서 어떻게 경청할 수 있겠는가?) 내가 말씀을 전할 때 여러 차례 관심을 흐트러뜨리는 일이 있었습니다. (도대체 내가 전하는 말씀에 관심을 보이는 사람이나 있는 것인가?)

그렇지만 하나님께서는 책임을 지고 계셨습니다. 나를 대신하여 주님께서 짐을 지신 것입니다. 분명 내가 무력했기 때문일 것입니다. 하나님께서 자매들의 마음에 역사하시는 것이 분명히 드러나기 시작했습니다. 서로를 향해 적대감으로 쌓았던 벽이 허물어지고 회개의 눈물이 떨어지는 것을 모두가 볼 수 있었습니다.

차를 몰고 집으로 돌아오면서 하나님과 나는 소망에 대하여 많은 대화를 나누었습니다.

"아버지 하나님, 이번 주말이 시작될 때 가졌던 태도가 잘못되었습니다. 너무도 힘들었고, 소망이 하나도 없었습니다."

아버지께서는 내 마음속에 말씀하셨습니다. "얘야, 네가 믿든 믿지 않든 확실한 소망이 있다. 이 진리는 결코 변하지 않는다. 그 진리에 대한 네 감정만이 변하는 것이란다. 믿음과 소망은 함께 보조를 맞춘다는 것을 기억해야만 한다."

나는 히브리서 11:1을 기억했습니다. "믿음은 바라는 것들의 실상이요, 보지 못하는 것들의 증거니." 나는 이 구절을 묵상하면서 잠잠해졌습니다. 하나님께서는 우리의 소망이 확실하다고 말씀하십니다.

결국 나는 주님께 "주님, 그러면 내 소망은 무엇입니까? 누구입니까?"라고 물었습니다.

주님께서는 성경 구절 하나를 가르쳐 주셨습니다. "너희 안에 계신 그리스도시니 곧 영광의 소망이니라"(골로새서 1:27).

"그렇군요!"라고 나는 동의했습니다. "모든 상황에서 나의 확실한 소망으로 그리스도를 필요로 합니다."

주님께서는 이렇게 말씀하셨습니다. "애야, 삶의 모든 일 가운데서 너는 소망이 필요하단다. 예를 들어, 이번주에 너는 실망했던 네 마음에 소망이 필요했었다. 그리고 내 말에 담긴 진리를 묵상하는 것이 실망에 대한 가장 최선의 처방이란다." 그때 나는 주님께서 미소짓는 것을 느낄 수 있었고, 시편 43:5이 생각났습니다. "내 영혼아, 네가 어찌하여 낙망하며 어찌하여 내 속에서 불안하여 하는고? 너는 하나님을 바라라. 나는 내 얼굴을 도우시는 내 하나님을 오히려 찬송하리로다."

"아버지 하나님, 그때 나는 분명 주님의 소망이 필요했습니다. 좀더 말씀해 주십시오."

"걱정이 있을 때에는 특별한 소망이 필요하단다"라고 주님께서는 말씀하셨습니다.

그 다음 5분 동안 근심이 마치 말벌처럼 내 마음에 달라붙었던 몇몇 경우를 생각하였습니다. 오직 하나님의 말씀이라는 강력한 처방만이 그것들을 몰아낼 수 있을 것입니다. 나는 다음 구절을 기억하고는 위로를 얻었습니다. "나의 영혼아, 잠잠히 하나님만 바라라. 대저 나의 소망이 저로 좇아 나는도다" (시편 62:5).

하나님께서는 계속해서 내 마음속에 하나님의 생각을 심어 주셨습니다. "오직 여호와를 앙망하는 자는 새 힘을 얻으리니, 독수리의 날개 치며 올라감 같을 것이요, 달음박질하여도 곤비치 아니하겠고 걸어가도 피곤치 아니하리로다"(이사야 40:31).

"기억합니다, 아버지."

"얘야, 이것은 단지 시작이다. 내 소망으로 네 생각과 마음과 영을 흠뻑 적셔야 한다.… 언제나, 모든 상황에서. 내가 말한 것을 기억해야 한다. '오직 그리스도는 만유시요 만유 안에 계시니라'(골로새서 3:11)."

"오직 그리스도는 만유시요 만유 안에 계시니라"는 말씀이 내 마음에 울려 퍼졌습니다.

그렇습니다! 내 마음이 이 진리를 굳게 붙잡을 때 내 영혼은 낙망하거나 근심하거나 실망하지 않게 됩니다. 소망으로 가득 찰 것이기 때문입니다. 바로 주님께서 주시는 소망입니다!

자기를 경외하는 자와
그 인자하심을 바라는 자들을 기뻐하시는도다.
시편 147:11

제 38 장

정련 과정

소 망

나는 신문에서 우연히 사망 기사난을 보다가 깜짝 놀랐습니다. 전에 옆집에 살던 사람의 아들이 비행기 추락 사고로 죽었다는 것이었습니다. 차가운 12월의 어느 오후, 남편과 나는 데이비드의 장례 예배에 참석했습니다. 밝고 명랑한 아이였고, 환하게 웃을 때면 잿빛 세상을 밝히던 아이였습니다. 데이비드는 자라서 멋진 청년이 되었고, 결혼하여 어린 자녀가 세 명이나 있었습니다.

예배 석상에 앉아 있을 때 예배당의 커다란 창문 바깥으로 잿빛 하늘이 보였습니다. 그리고 마치 보이지 않는 손에 의해 놓인 것처럼, 창문 한가운데에 성이 난 듯한 검은 구름이 예배가 진행되는 동안 내내 걸려 있었습니다. 우리들의 슬픈 마음을 표현하는 듯했습니다.

그러나 바로 그때 나는 창문 둘레에 크리스마스를 기념하는 깃발이 있는 것을 보게 되었습니다. 깃발에는 다음과 같이 문구가 기록되어 있었습니다. 소망, 평안, 기쁨.

이 깃발로 말미암아 나는 격려가 되는 세 가지 진리를 기억할 수 있었습니다. 사망의 검은 구름은 장차 사라지고 밝고 푸른 하늘과 햇빛이 우리 모두 앞에 펼쳐질 것을 소망으로 말미암아 알 수 있습니다. 데이비드가 하늘나라에 있다는 것을 앎으로써 기쁨이 있습니다. 그리고 그리스도께서 슬픔 가운데서도 평강을 가져오신다는 것을 앎으로써 또한 기뻐할 수 있습니다.

나는 복도 쪽으로 몸을 기울여 네 번째 깃발이 무엇인지 살펴보았습니다. 사랑이었습니다. 하나님의 사랑 때문에 우리의 소망과 평강과 기쁨이 우리에게 실제로 머물게 됩니다. 그리스도께서 죽으셨다가 다시 사셨기 때문에, 이제 우리는 죽은 자의 땅으로 갈 수밖에 없는 다른 사람들과는 다릅니다. 우리는 지금 죽은 자의 땅에 살지만 영원히 사는 자의 땅으로 가게 되는 것입니다!

나를 영적으로 도와주던 분이 최근에 돌아가셨습니다. 마리온의 장례 예배는 슬프고도 즐거운 시간이었습니다. 슬픔보다는 기쁨이 더욱 넘쳤기 때문에 슬프고도 즐거웠습니다. 지난 4년 동안 마리온은 알트하이머 병으로 고생하였습니다. 생의 마지막이 가까워지면서 마리온의 뇌는 기능이 멈추게 되었습니다. 더 이상 음식이나 물이 필요하다는 신호도 보내지 않고 음식을 씹어야 한다는 신호도 보내지 않았습니다.

그러나 이제 마리온은 자유를 얻었습니다! 마리온은 신령한 몸을 입게 되었습니다. 온전한 뇌와 영혼을 회복하게 되었습니다. 기쁨은 마리온의 것입니다. 그리고 마리온을 생각하는 우리의 것이 되었습니다. 그러나 우리는 슬프기도 합니다. 마리온을 그리워하기 때문입니다. 잃어버림으로 말미암은 고통은 참으로 컸습니다.

C. S. 루이스는 사랑하는 아내 조이의 죽음 앞에서 괴로워했습니다. 그리고 어느 날 한 사람이 자기에게 "극복할 수 있을 것입니다"라고 말하자 무척 화가 났습니다. 루이스는 사별은 홍역을 이기는 것처럼 이길 수 있는 것이 아니라고 기록했습니다. 오히려 사별은 다리를 절단하는 것과 같다고 말했습니다. 상처는 나을 수 있지만 매일 아침저녁으로 그리고 그 사이에 여러 차례 다리가 없어졌다는 것을 인식하게 될 것입니다. 이런 부분은 하늘나라에 가기 전까지는 절대로 나아질 수 없을 것입니다.

데이비드와 마리온을 잃는 과정에서 하나님께서는 오직 하나님만이 나의 소망임을 가르쳐 주셨습니다. 히브리서 6:19에서는 이렇게 말합니다. "우리가 이 소망이 있는 것은 영혼의 닻 같아서 튼튼하고 견고하여 휘장 안에 들어가나니." 우리의 소망은 그림의 떡과 같은 소망이 아닙니다. 견고한 바위 같은 소망이어서 우리가 의뢰할 수 있는 것입니다. 영원 속에 견고히 자리잡은 소망입니다.

나는 소망의 얼굴을 바라볼 필요가 있습니다. 이렇게 할 때 소망의 아름다운 모습은 고난으로 그 윤곽선이 이루어진다는 것을 기억하게 됩니다. 소망은 고난으로 말미암아 정련됩니다. 로마서 5:3-4에서는 이 진리를 분명히 말하고 있습니다. "다만 이뿐 아니라 우리가 환난 중에도 즐거워하나니, 이는 환난은 인내를, 인내는 연단을, 연단은 소망을 이루는 줄 앎이로다."

데이비드 로퍼는 한 책에서 이렇게 말합니다.

> J. 오스왈드 샌더스가 주님과 함께 있는 본향으로 돌아가기 전에, 그는 캐롤린과 나와 대화를 나누면서 자기 사역 초기에 있었던 일을 즐겁게 회상한 적이 있습니다. 자기가 생각하기에도 놀랍고 도전이 된다고 생각하는 메시지를 전하고는 건물 밖으로 나오고 있었는데, 그때 우연히도 나이가 지긋한 두 여인이 나누는 대화를 듣게 되었습니다.
> "샌더스 목사님이 전하는 메시지를 어떻게 생각하니?"라고 한 사람이 물었습니다.
> "잠시 고난을 받게 되겠지만, 결국에는 좋아질 거야"라고 다른 사람이 대답했습니다.

나중에 샌더스는 실제로 고난을 받게 되었습니다. 아내가 죽은 뒤 혼자서 세계 각 지역에서 주님을 섬겼습니다. 고난을 겪으면서 그는 인내하였고, 인내를 통해 소망을 낳게 되었습니다. 이는 그의 삶에서 분명히 드러나는 것이었습니다.

로마서 5:3-10로 설교하면서 레이 스테드맨은 한쪽 다리를 절단해야 했던 어떤 사람에 대하여 말했습니다. 근원적인 치료를 했음에도 그 사람의 병세는 호전되지 않았습니다. 결국 그 사람은 죽게 되었습니다. 죽기 바로 며칠 전, 목사가 그를 방문했습니다. 목사는 결코 잊을 수 없는 이야기를 그에게서 듣게 되었습니다. "지금까지 내가 겪은 고난은 하나도 내가 선택하고 싶지 않은 것들입니다. 그러나 나는 그것 가운데 하나라도 놓치고 싶지 않습니다!" 경건한 그 사람의 말은 고난 가운데 있는 그리스도인이 즐거워하는 것이 무엇인가를 잘 보여 주고 있습니다.

해결책이 전혀 없어 보이는 가운데 계속 전개되는 상황들이 있습니다. 우리 생애가 다 마칠 때까지 지속될 것도 있습니다. 로마서 5:3-4은 소망이 하나의 과정을 통해 발전되는 것임을 보여 주고 있습니다. 고난은 인내를 낳고, 인내는 연단을 이루며, 그 과정의 결과물로 소망이 생깁니다.

내 인생의 오후에 처한 지금, 나는 여러 고통스런 일들을 겪으면서 인내하는 능력이 계발된 것을 볼 수 있습니다. 그런 어려운 상황들을 겪으면서 하나님의 신실하심을 경험했고, 이를 통해 나는 연단되었습니다. 그리고 그런 연단과 경험을 통해, 하나님께서 말씀하신 바를 다시 한 번 이루실 것을 믿는 소망을 갖기가 훨씬 쉬워졌습니다. 물론 나는 의심하거나 실망하는 때도 있을 것입니다. 순간만이 아니라 여러 날 혹은 여러 주, 심지어는 여러 달 지속될 수도 있을 것입니다. 그러나 내가 삶 속에서 겪는 고난은 더욱 많은 인내를 낳게 되며, 그 인내로 말미암아 나는 하나님과 함께한 흔적인 연단을 받게 됩니다. 또한, 우리 안에 거하시는 확실한 소망에 매달릴 수 있게 됩니다.

다음번에 당신과 내가 소망이 없다고 느껴질 때 다음과 같이 기도하는 것을 잊지 맙시다. "주님, 다시 한 번 기억나게 해 주세요. 잊어버렸습니다."

여호와는 그 경외하는 자
곧 그 인자하심을 바라는 자를 살피사.
시편 33:18

제 39 장

분명한 미래

소 망

톰의 아내는 보이지 않았습니다. 톰 혼자서 우리를 데리러 왔습니다. 우리는 그들이 고른 멋진 장소에서 간단한 저녁을 먹기로 했던 터였습니다.

"카에는 어디 있지요?"라고 우리가 물었습니다.

"우선 집에 들르기로 하지요"라고 톰이 대답했습니다.

톰과 카에는 우리가 궁지에 처했을 때 만난 특별한 친구입니다. 우리는 자주 만났고 이를 즐겼습니다. 두 사람은 모두 수준 높은 요리사였는데, 남편과 나는 그들이 소개해 준 시내 레스토랑을 좋아했습니다. 그런데 오늘 저녁에는 톰의 집으로 들어가게 되었습니다. 촛불이 켜진 멋진 식탁이 우리를 반겼습니다. 그날 저녁의 '특별한 장소'는 바로 두 사람의 집이었습니다!

우리 접시에는 톰이 만든 메뉴 카드가 놓여 있었는데, 굵은 글씨로 다음과 같이 또박또박 기록되어 있었습니다.

> 피칸 열매를 두른 야채 샐러드
> 바코 수프
> 후추 양념 쇠고기 브레이징
> 주방장 특선 빵
> 커피
> 카에가 만든 초콜릿 바닐라 아이스크림(카에는 직접 초콜릿 소스를 만들어 아이스크림 위에 덮었는데 이 세상 어디에서도 맛볼 수 없는 것이었습니다!)

웃음꽃이 만발하였습니다. 멋진 저녁 식사였고, 멋진 만남이었습니다. 남편과 나는 멋진 식사를 할 것으로 생각은 했었지만, 두 사람이 사는 집으로 초청을 받으리라고는 전혀 예상치 못했습니다. 우리가 먹었던 음식은 참으로 특별한 것이었습니다.

장차 나를 데리러 위대한 분이 오실 것입니다. 영원한 관점에서 보면 그리 멀지 않았습니다. 멋진 곳으로 데리고 가실 것입니다. 그분의 집에는 잔칫상이 마련되어 있습니다. 함께 초대받은 다른 모든 사람들도 나를 반길 것입니다. 내가 상상할 수 있는 그 어떤 것과도 비교할 수 없을 것입니다!

영원한 삶에 대한 분명한 이 소망은 내 모든 생각의 전면을 차지하고 있어야 합니다. 그러나 내 눈과 마음은 이런 소망에서 비켜날 때가 종종 있습니다. 내 생각과 상상력을 한껏 동원하여 장차 하늘나라가 어떠할 것인지를 꿈꾸어 보면 정말 신이 납니다! 내가 분명히 확신하는 것도 있지만, 그냥 가능하리라 생각되는 것도 있습니다.

예를 들어, 나의 기억은 온전히 되살아날 것입니다. 이 세상 살 동안 내가 만났던 사람들이 다 생각날 것이며, 그 사람들에 대하여 내가 알고 있는 모든 좋은 것들이 생각날 것입니다. "글쎄요. 어디서 뵀더라?"라고 말할 필요가 없을 것입니다. 만났을 때 어떤 이야기를 했는지도 분명히 기억날 것입니다. 영원히 말입니다!(정말 놀랍지 않습니까?)

모든 사람들이 모든 것을 다 할 수 있게 되지는 않을 것입니다. 만약 모든 것을 다 할 수 있게 된다면, 우리는 다른 사람들의 독특한 은사나 수고에 대하여 감사하지 않을 것입니다.

모든 것을 다 할 수는 없지만, 나는 피아노를 칠 수는 있을 것입니다. (지금도 피아노를 칠 수 있습니다. 그러나 하늘나라에서는 훨씬 잘 치게 될 것입니다!) 손가락을 자유자재로 움직이며, 막히는 것이 하나도 없을 것입니다. 악보를 읽으면, 곧바로 기억하고 절대로 잊어버리지 않을 것입니다. 물론 연습이 필요하겠지만, 손가락 끝에서 느껴지는 감촉도 좋고 전혀 서툴지 않기 때문에 연습도 정말 즐거운 시간이 될 것입니다.

다른 별에도 가볼 수 있을 것입니다. 마음에 맞는 몇몇 사람과 함께 계획하고, 신나는 모험을 즐기게 될 것입니다. 그리고 생각하기만 해도 즐거운 것인데, 우리가 지금 상상하는 것처럼 "시간"을 넘나들 수 있게 될 것입니다. 시간상으로 뒤로 물러나 지구가 형성되는 것을 볼 수 있을 것이며, 홍해가 갈라지는 것, 나사로가 죽었다가 살아나는 것도 볼 수 있을 것입니다. 예수 그리스도께서 이 세상에 계실 동안에 함께 따라다닐 수 있을 것입니다. (이것은 참으로 특별한 것이 되지 않겠습니까?) 당신과 내가 함께 대화를 나누며 당신의 생애에 있었던 어떤 일에 대하여 얘기할 때 "그때로 돌아가서 한번 살펴봅시다"라고 말할 수도 있을 것입니다. 린, 팀, 에릭, 그리고 써니가 멕시코에서 10년 동안 살 때 일어난 몇몇 중요한 일도 볼 수 있을 것입니다. 남편이 참석했던 수양회 가운데 하나님의 축복이 넘치는 신나는 수양회에 함께하며 보고 들을 수 있게 될 것입니다. 할아버지께서 콜로라도 주의 얌파에 있는 오래된 광산 마을에 교회를 개척하실 때 처음으로 했던 설교를 들을 수도 있을 것입니다.

그렇습니다. 나는 알고 있습니다. 이 모든 것이 틀릴 수도 있습니다. 하나님께서는 눈으로 보지 못하고 귀로도 듣지 못하고 사람의 마음으로도 생각지 못한 것을 우리를 위해 예비하셨다고 말씀하십니다. 그렇기 때문에 하늘나라가 어떨지는 정확하게 모릅니다. 그러나 한 가지는 분명합니다. 하늘나라는 내가 상상하는 것보다 훨씬 더 좋을 것입니다!

바울은 이렇게 말했습니다. "죽은 자가 다시 살지 못할 것이면 내일 죽을 터이니 먹고 마시자 하리라"(고린도전서 15:32). 그러나 하나님을 찬양합니다. 하늘나라가 있기 때문입니다! 부활이 분명 있습니다. 영원한 삶이 우리 앞에 상상할 수 없는 영광으로 펼쳐집니다. 우리는 이를 확신할 수 있습니다.

한 가지가 더 있습니다. 나를 환영하는 저녁 식사는 카에가 만든 초콜릿 바닐라 아이스크림보다 훨씬 좋을 것입니다!

그러므로 너희가 그리스도와 함께
다시 살리심을 받았으면 위엣 것을 찾으라.
거기는 그리스도께서 하나님 우편에 앉아 계시느니라.
위엣 것을 생각하고 땅엣 것을 생각지 말라.
골로새서 3:1-2

다시금 기억하기 위하여...

소 망

소망. 당신은 이 말을 들으면 기쁘지 않습니까? 마가복음 16:1-8에 대하여 말씀을 전하면서, 레이 스테드맨은 미국의 저명한 신학자인 칼 헨리 박사의 말을 인용하였습니다. "예수 그리스도께서는 실망 가운데 소망 없이 살고 있는 세상에, 유일하게 변함없는 소망의 소식을 전해 주셨습니다."

예수님께서 그렇게 하신 것이 기쁘지 않습니까?

1. 다음 구절을 기도하는 마음으로 주의 깊게 읽어 보십시오. 그리고는 당신 자신의 말로 풀어서 적어 보십시오.
   예레미야애가 3:21-24

로마서 5:1-5

로마서 15:13

2. 에베소서 1:18에 당신의 이름을 넣어 기도해 보십시오.

3. 다음에 나오는 구절들을 읽고 질문에 대한 적절한 답을 기록하십시오.
   우리는 누구 또는 무엇에 소망을 두어야 합니까?

   골로새서 1:27

   시편 25:21, 33:22, 62:5-6

   시편 119:43,114, 130:5

   시편 147:11

   로마서 15:4

   디도서 1:2

디도서 2:13

하나님께 소망을 두었을 때의 결과는 무엇입니까?
시편 25:3

시편 31:24

시편 42:5

시편 33:18

시편 33:20

이사야 40:31

베드로전서 1:3-5

베드로전서 3:15

우리는 언제 소망을 가져야 합니까?
시편 25:5

시편 71:14

다음 구절에서 소망에 대한 명령은 무엇입니까?
로마서 12:12

4. 이 공부를 하는 동안 하나님께서 당신의 마음에 심어 주신 한 구절을 택하여 암송하십시오.

5. 선택한 구절을 당신 자신의 말로 기록하십시오. 최근 당신이 이 구절에 순종하지 못했던 한 가지 예를 구체적으로 적어 보십시오. 이 구절을 실행에 옮기기 위해 하나님께서 당신에게 원하시는 바라고 생각되는 것을 세 단계로 나누어 기록해 보십시오.

결 론

주님, 다시금 가르쳐 주세요

먼지가 뒤덮인 흰색 승용차가 우리 집으로 들어왔습니다. 남편과 나는 뛰어나가 프레드를 맞이했습니다. 밝게 웃으며 포옹을 하였습니다.

그는 피곤했지만 전혀 그렇지 않은 듯이 밝게 웃었습니다. 장난기 섞인 미소에는 뭔가 할 말이 있는 듯했습니다. 마침내 "드릴 게 하나 있습니다"라고 말문을 열었습니다.

나는 휘둥그래 눈을 뜨며 물었습니다. "그래요? 뭐지요?"
"이리로 와 보세요." 그는 함께 가자고 했습니다.

우리는 프레드의 차 뒤쪽으로 걸어갔습니다. 트렁크 바닥엔 낡은 멍에가 하나 보였습니다. 회칠한 위로 먼지가 쌓이고 거의 못쓰게 된 커다란 것이었습니다. 그는 말을 이었습니다. "집사람은 생전에 언니한테 멍에를 선물하려고 구하고 있었습니다. 언니가 멍에를 하나 가지고 싶어한다는 것을 알고는 있었지만 결국 구할 수 없었습니다. 그런데 이번 겨울에 오래된 목장에서 이것을 발견했고, 그곳 사람들의 승낙을 얻고 구입할 수 있었습니다."

나는 최대한 빨리 그 멍에를 골동품 수리상에게 가져가 맡기고는 수리할 수 있겠는지 알아봐 달라고 하였습니다. 한 주 뒤에 전화가 왔습니다. "상태가 꽤 좋은 것입니다. 한쪽 끝은 벌레가 먹었기 때문에 교체해야 하지만 나머지는 괜찮습니다." 나는 수리를 해달라고 말했습니다.

몇 주 뒤에 멍에를 찾으러 갔습니다. 작업장 뒤로 그를 따라서 가보니 낡은 테이블 위에 멍에가 놓여 있었습니다. 회칠을 벗겨 내어 단풍나무의 아름다운 나뭇결이 드러났고, 군데군데 까만 부분이 보였습니다. 나는 감탄했습니다.

"여긴 왜 이렇게 까맣지요?"라고 물었습니다.

"소가 멍에를 맬 때 흘린 땀이 밴 것이지요. 여러 해가 걸렸지요"라고 그는 말했습니다.

"이런 둥그런 모양을 어떻게 만들 수 있지요?"라고 또 물었습니다.

그는 이렇게 대답했습니다. "인내와 끈기가 필요합니다. 또한 시간이 오래 걸리지요. 힘도 가해야 합니다. 어린 단풍나무 가운데 조그맣고 곧바른 것을 택합니다. 물에 약간 적신 후 힘을 가해 약 1cm 정도 휜 다음 그대로 모양을 유지시켜 놓습니다. 다음날에도 동일한 작업을 합니다. 매일 약간씩 더 휘는 거지요. 이렇게 매일 작업을 되풀이하여 둥그런 모양이 될 때까지 계속합니다. 때로 물에 적신 사슴 가죽으로 나무를 덮어 놓습니다. 나무가 마르면 부러질지도 모르기 때문입니다."

수리를 마친 그 멍에는 우리 집 거실과 홀 사이에 걸어 놓았습니다. 내게는 무척 소중한 것입니다. 한 친구는 내게 멍에 중에 한 부분이 다른 한 부분보다 조금 크다고 했습니다. 농부들은 대개 한 멍에에 성숙하고 숙련된 소와 훈련을 시켜야 하는 소를 함께 쓰기 때문이라고 말했습니다. 이를 통해 강하고 성숙한 우리 주님께서 우리와 함께 멍에를 메시고 우리를 도우시며 우리를 훈련시키신다는 것을 묵상할 수 있다고 말했습니다.

지난 수년 동안 하나님께서 내게 되풀이하여 가르쳐 주신 진리들을 기록하는 과정에서, 동생 남편이 준 선물은 하나님께서 어떻게 우리를 가르치시고 변화시키는지에 대해 좋은 예화가 되었습니다. 어린 나무를 다루는 농부처럼 하나님께서는 인내와 끈기와 힘과 시간을 들여 우리의 삶을 형성시켜 가십니다. 인내와 끈기를 가지고 우리에게 가하는 힘을 조절하십니다. 작고 조그만 우리 영혼을 부러뜨리지 않으면서도 하나님께서 원하시는 바대로 변화되도록 하십니다. 그리고 사랑이 많으신 하나님께서는 우리에게 필요한 시간이 얼마나 되는지를 정확하게 알고 계십니다. 그리하여 하나님의 아들의 형상으로 변화되는 데 필요한 시간을 투자하십니다.

나는 하나님께서 이 변화 과정에서 지치지 아니하시는 것을 인하여 감사하고 있습니다. 그러나 나는 지칠 때가 있습니다. 마치 내가 늘 이런 말을 되풀이하는 것처럼 보입니다. "주님, 다시 오셨군요? 뭐라고 말씀하셨던가요? 아, 예. 이제야 기억이 납니다!"

당신과 나는 자신을 못마땅하게 생각할지도 모릅니다. 좀더 빨리 배워 나가지 못하기 때문입니다. 그러나 실망에 빠지지 맙시다! 우리 아버지께서는 영적 성장과 변화가 하나의 과정이라는 것을 잘 알고 계시기 때문입니다.

나와 함께 기도하지 않으시겠습니까? 이미 배운 교훈을 다시 배울 새로운 기회가 생길 때 기쁨과 즐거움으로 맞이할 수 있도록 말입니다. 결국 가장 위대한 멍에 제작자이신 주님께서 우리를 변화시키셔서, 주님과 함께 멍에를 메고 하나님의 영광을 위해 섬기는 놀라운 삶을 살 수 있도록 이끌어 주실 것입니다.

비록 당신과 내가 배우는 것이 더뎌도, 하나님께서는 귀중한 교훈을 거듭해서 우리에게 가르쳐 주실 만큼 큰 관심을 갖고 계십니다. 그렇기 때문에 우리는 수시로 이렇게 기도해야 합니다. "주님, 내가 다시 기억하도록 도와주소서. 내가 잊었나이다!"

> 우리가 이제는 거울로 보는 것같이 희미하나
> 그때에는 얼굴과 얼굴을 대하여 볼 것이요
> 이제는 내가 부분적으로 아나
> 그때에는 주께서 나를 아신 것같이
> 내가 온전히 알리라.
> 고린도전서 13:12

부 록

본서에 나오는 주제를 공부하는 방법

본서 전체를 통하여 중간 중간에 "다시금 기억하기 위하여…"라는 제목 아래 여러 가지 질문을 소개한 바 있습니다. 본서에서 다룬 각 주제에 대하여 하나님께서 뭐라고 말씀하시는지 더 깊이 공부하도록 돕기 위한 것이었습니다.

이제 여기서 주제별(topical) 성경공부를 하는 방법을 한 가지 소개하고자 합니다. 이 방법은 'TOPICAL'의 각 글자를 머리글자로 하여 만든 것입니다. 이 방법을 사용하면 당신 스스로도 깊이 있는 주제별 성경공부를 할 수 있습니다. 그 예로 '섬김'이라는 주제를 가지고 공부해 봅시다.

T는 제목(Title)입니다.
예: 섬김

O는 개요(Outline)입니다. 좋은 성구 사전을 사용하여 20-25구절을 찾아본 후에 개요를 작성해 보십시오. (개요를 적는 한 가지 좋은 방법은 '누가, 무엇을, 어디서, 어떻게, 언제, 왜'라는 질문에 맞추어서 답을 적어 보는 것입니다.)
예:
1. 종의 정의
   웹스터 사전: 누군가를 섬기는 자로서, 상대방을 위해 계속 또는 정기적으로 수고하며, 그에게 순종하고 그를 공경함.

2. 누구를 섬겨야 하는가?
   가. 주 하나님. (신명기 6:13, "네 하나님 여호와를 경외하며 섬기며…")
   나. 주 예수님. (골로새서 3:24, "…너희는 주 그리스도를 섬기느니라.")
   다. 다른 사람들. (갈라디아서 5:13, "…오직 사랑으로 서로 종노릇하라.")

3. 누가 종인가?
   우리는 모두 종이다. 문제는 누구를 섬기느냐 하는 것이다. (로마서 6:16, "너희 자신을 종으로 드려 누구에게 순종하든지 그 순종함을 받는 자의 종이 되는 줄을 너희가 알지 못하느냐? 혹은 죄의 종으로 사망에 이르고 혹은 순종의 종으로 의에 이르느니라.")

4. 종의 특성
   가. 순종. (골로새서 3:22. "종들아, 모든 일에 육신의 상전들에게 순종하되 사람을 기쁘게 하는 자와 같이 눈가림만 하지 말고 오직 주를 두려워하여 성실한 마음으로 하라." 그리고 베드로전서 2:18. "사환들아, 범사에 두려워함으로 주인들에게 순복하되…")
   나. 겸손과 존경. (디도서 2:9. "종들로는 자기 상전들에게 범사에 순종하여 기쁘게 하고 거스려 말하지 말며.")
   다. 정직과 성실. (디도서 2:10. "떼어먹지 말고 오직 선한 충성을 다하게 하라. 이는 범사에 우리 구주 하나님의 교훈을 빛나게 하려 함이라.")

5. 종이 가져야 할 마음의 태도
   가. 온전한 마음. (역대상 28:9. "내 아들 솔로몬아, 너는 네 아비의 하나님을 알고 온전한 마음과 기쁜 뜻으로 섬길지어다….")
   나. 성실한 마음(생각이나 행동이 하나의 목표에 집중된다는 뜻). (에베소서 6:5-7. "종들아, 두려워하고 떨며 성실한 마음으로 육체의 상전에게 순종하기를 그리스도께 하듯 하여, 눈가림만 하여 사람을 기쁘게 하는 자처럼 하지 말고 그리스도의 종들처럼 마음으로 하나님의 뜻을 행하여, 단 마음으로 섬기기를 주께 하듯 하고 사람들에게 하듯 하지 말라.")
   다. 기쁜 마음으로 섬기며 사람에게 하듯 하지 말고 주님께 하듯 함. (바로 앞의 구절. 참조: '단 마음'이란 말에는 '기쁘고 선한 뜻으로'라는 의미가 담겨 있음.)

6. 착하고 충성된 종이 될 때의 결과
   가. 하나님께서 영광을 받으신다. (디모데전서 6:1, "무릇 멍에 아래 있는 종들은 자기 상전들을 범사에 마땅히 공경할 자로 알지니 이는 하나님의 이름과 교훈으로 훼방을 받지 않게 하려 함이라.")
   나. 장차 영광 중에 하나님을 섬기게 된다. (요한계시록 22:3, "다시 저주가 없으며 하나님과 그 어린양의 보좌가 그 가운데 있으리니 그의 종들이 그를 섬기며.")

7. 우리의 본이 되신 그리스도
   누가복음 22:27, "앉아서 먹는 자가 크냐? 섬기는 자가 크냐? 앉아 먹는 자가 아니냐? 그러나 나는 섬기는 자로 너희 중에 있노라."

P는 질문 또는 문제(Problems)입니다. 그 구절에 대하여 마음에 떠오르는 질문이나 어려운 점들을 모두 기록하십시오. 예:
   * 우리는 모두 무언가의 종이라고 하는데, 왜 그런가?
   * 종의 모습은 어떠해야 하는가? 종이 가져야 할 마음의 태도는 무엇인가?
   * 착하고 충성된 종이 될 때의 결과는 무엇인가? (이땅에

서? 하늘나라에서?)
* 종의 역할이 여성에게는 무엇을 의미하는가? 아내에게는?
* 우리는 어떻게 하면 착하고 충성된 종이 될 수 있는가? 단번에 그렇게 될 수 있는가?
* 우리는 어떻게 하면 섬기는 자로 사람들 중에 있을 수 있는가?

I 는 예화(Illustration)입니다. 당신이 읽은 것이나 경험한 것 가운데 예화가 떠오르는 것이 있으면 기록해 보십시오.
예:
성경을 보면 요셉은 보디발을 섬겼고(창세기 39장), 아브라함의 종은 이삭의 아내를 구하기 위해 보냄을 받았다(창세기 24장).

C 는 주석(Commentaries)입니다. 좋은 주석 성경 등에서 그 주제를 찾아보고 당신이 배운 것에다 보충하십시오. (스스로 묵상을 다 한 다음에 이 과정을 시작해야 합니다.)

A 는 적용(Application)입니다. 여기가 가장 중요한 부분입니다. 하나님께서 당신에게 말씀하고 계시는 구절을 택하십시오. 그리고 당신 자신에게 적용하십시오.
예:
에베소서 6:5-7.
1. 당신 자신의 말로 써보십시오.

종은 자기가 섬기는 사람에게, 마치 우리가 그리스도께 순종하듯 성실하고 두려운 마음으로 순종해야만 한다. 그리고 사람들이 볼 때 인정받기 위해서 순종하는 것이 아니라 하나님께 순종하듯 마음을 다해 순종해야 한다. 하나님께 전심으로 행하듯 사람들을 전심으로 섬겨야 한다.

2. 이 구절을 순종하는 데 실패한 경우를 기록하십시오.
나는 섬김에 대하여 깊이 생각한 적이 많지 않다. 너무나도 자주 나는 모든 사람이, 그리고 모든 것이 나를 섬겨 주기를 원한다. (날씨가 좋아야 하고, 비행기는 예정된 시각에 도착해야 하고, 점원들은 친절하고 내게 도움을 베풀어야 하고, 그리고 내가 아플 때면 남편이 내가 누워 있는 침대로 식사를 가져다주어야 하고!…등등)

3. 종 된 태도를 갖지 못한 구체적인 경우를 적어 보십시오. 될 수 있는 한 최근의 것을 기록하십시오.
어제 주유소에서 타이어에 바람을 넣을 때 아무도 도와주는 사람이 없어서 불평하였다. 왜 그런가? 그들이 나를 섬겨 주기를 기대했기 때문이다.

4. 이 구절을 실행에 옮기기 위해 하나님께서 이번주에 당신에게 원하시는 바라고 생각되는 구체적인 조치를 기록해 보십시오. (제안: 성경 구절을 암송한다, 기도 제목의 맨 윗자리에 놓는다 등등.)
이번주에 섬김에 대한 두 구절을 암송하겠다. 내가 다른 사람을 섬길 영역뿐만 아니라 사람들에게 내가 섬김을 요구하는 영역에 대하여 하나님께 보여 달라고 기도하겠다. 또한 매일 구체적으로 누군가를 섬길 수 있는 방법을 찾도록 하겠다. 전에 늘 사용하던 방법 아닌 다른 식으로 섬길 수 있도록 해야겠다.

5. 만약 가능하다면, 다른 누군가에게 당신을 점검해 달라고 하십시오.
   이것은 어렵다! 그러나 내가 종으로 행동하지 않을 때가 생기면 남편에게 지적해 달라고 요청하겠다.

L은 목록(List)입니다. 장차 암송할 구절의 목록을 적어 보십시오.
* 골로새서 3:23-24
* 디모데전서 6:1
* 갈라디아서 5:13

귀중한 진리를 마음에 새기기 위해 하나님의 말씀을 파고들 때, 하나님께서 함께하사 주님과 더욱 깊이 동행하는 삶을 살게 되기를 기도합니다.

본서는 미국의 WaterBrook Press와의 계약에 의하여
번역 출간된 것이므로 본서의 전부 또는 일부의 무단 복제,
또는 원문에 대한 무단 번역을 금합니다.

늘 새롭게 하시는 주님

초판 1쇄 발행 : 2001년 12월 29일

펴낸곳 : 네비게이토 출판사 ⓒ
펴낸이 : 조 성 동
주소 : 120-600 서울 서대문 우체국 사서함 27호
120-836 서울시 서대문구 창천동 497번지
전화 : 334-3305(대표), 334-3037(주문)
팩스 : 334-3119
출판등록 : 1973년 3월 12일 제10-111호
ISBN 89-375-0246-1 03230